suhrkamp taschenbuch 690

Jürgen Becker, 1932 geboren, lebt in Köln. Veröffentlichungen: *Felder* (1964), *Ränder* (1968), *Bilder Häuser Hausfreunde. Drei Hörspiele* (1969), *Umgebungen* (1970), *Eine Zeit ohne Wörter* (1971), *Schnee* (1971), *Das Ende der Landschaftsmalerei* (1974), *Erzähl mir nichts vom Krieg* (1977), *In der verbleibenden Zeit* (1979).

1967 erhielt Jürgen Becker den Preis der »Gruppe 47«, ein Jahr später den Literaturpreis der Stadt Köln. 1980 wurde er mit dem Literaturpreis der Bayerischen Akademie der schönen Künste ausgezeichnet. 1981 erhielt er den Kritiker-Preis.

Dieser Band versammelt die Gedichte, die in den Jahren 1965 bis 1980 entstanden und in den Büchern *Schnee* (1971), *Das Ende der Landschaftsmalerei* (1974), *Erzähl mir nichts vom Krieg* (1977) und *In der verbleibenden Zeit* (1979) veröffentlicht wurden; dazu kommen, unter dem Titel *Die gemachten Geräusche,* Gedichte, die bislang in keiner Sammlung enthalten, unveröffentlicht oder neu sind.

Die Entwicklung des Lyrikers Jürgen Becker wird überschaubar: Noch im Widerspruch zu seiner in den sechziger Jahren vertretenen Theorie, wonach sich Schreiben an keinerlei Gattungszwänge anzupassen habe, beginnt Becker in der *Schnee*-Sammlung mit der Ausführung des lyrischen Impulses, in zögernd geschriebenen Gedichten, die viele der späteren Motive bereits enthalten. In *Das Ende der Landschaftsmalerei* wird die »offene, unbestimmte, freie Schreibweie« im langen Gedicht thematisch begriffen und weitergeführt. Das Tagebuch-Verfahren hat Jürgen Becker konsequent in *Erzähl mir nichts vom Krieg* angewendet; die Erfahrung eines ganzen Jahres ist hier fortlaufend notiert. Der Gefahr, ans Alltägliche sich zu verlieren, hat Becker in der folgenden Sammlung *In der verbleibenden Zeit* entgegengewirkt: in einer Reihe von Zyklen, die den für seine Gedichte typischen Realismus zwar nicht aufgeben, die zugleich aber den täglichen Wahrnehmungsbereich zu verlassen suchen. Der Schritt in den Bereich der poetischen Imagination ist von einer zunehmenden Sicherheit bestimmt, die auch der Schönheit der Metapher wieder vertraut. Daß dies ein Nebeneinander in seiner lyrischen Praxis bleibt: die Erfahrung und Benennung sowohl des Alltäglichen wie des Irrealen, belegen die letzten Gedichte in diesem Band.

Jürgen Becker
Gedichte
1965–1980

Suhrkamp

Umschlagfoto: Renate von Mangoldt

suhrkamp taschenbuch 690
Erste Auflage 1981
Copyrightangaben am Schluß des Bandes
Suhrkamp Taschenbuch Verlag
Alle Rechte vorbehalten, insbesondere das des öffentlichen Vortrags,
der Übertragung durch Rundfunk und Fernsehen sowie der Übersetzung,
auch einzelner Teile.
Satz: Philipp Hümmer, Waldbüttelbrunn
Druck: Ebner Ulm · Printed in Germany
Umschlag nach Entwürfen von Willy Fleckhaus und Rolf Staudt

Jürgen Becker
Gedichte 1965–1980

Schnee

Das Ende der Landschaftsmalerei

Erzähl mir nichts vom Krieg

In der verbleibenden Zeit

Die gemachten Geräusche

Schnee

Fragment aus Rom

hier,
    wo immer das ist: das ist jetzt die Frage
(jetzt immer): was ist und was drankommt,
                                                  hier
ist jetzt . . . /
        neuerdings wieder nachts,
in diesen Träumen, diesige weiße Pisten
und plötzlich die heiße Last der Luft,
                                            Miami
wirklich, wie
        zehn, täglich, Zypressen vor Augen,
Quadrat-Himmel drüber. Luft.
Brauchbarer Blick zum Ausruhn, wie jetzt,
in der heißen Stille
                von hier
fortgehen
                                          kommt
der ganze Sommer noch (?)

Kein Sommer gewesen; gesagt vor zehn Jahren
unter einem Teerdach, kalt und naß, mit Löchern
von Krähen . . . (gewesen.
gesagt. geblieben.)
            und seither
das Fortgehen aus dem weißen Haus unter den Pappeln
du bist immer fortgegangen
ein Kind
    und weiter
fort
   flog er zum ersten Mal
                und weiter
wechselt die Häuser:
lebt jetzt in anderen Städten

Immer unterwegs so
             – *Regionalismus,* den Hut
setz ich mir wieder auf, wenn ich ganz alt bin;

nun fragt eine Rivista an: Roma
ha un ruolo nel suo nuovo libro?
Zunächst Zypressen.
Kiesweg.
Katze kommt vom Dach nicht runter.
Beppino und Poststreik.
Ich will eine Eidechse sein.
Wasserstreik.
Im Winter haben wir ganz schön gefroren.
Krieg der Ateliers.
Quasi Reihenhausidyll.
Frauen. Kinder. Wäscheleinen.
Mauer ums Ganze, den Park.

... *und in dieser Stille* ... kann man (Ehrengast)
nur sagen von einer gewissen Schwerhörigkeit an;
ELEZIONI COMMUNALI:
                      im Dröhnen, wochenlang,
der Lautsprecherkämpfe schläfts sich schlecht
in unserer Lorbeer-Kolonie;
Hammer & Sichel
sah ich erst wieder, ganz legal,
auf der
        Piazza Bologna
                kreisen
mit Horst-Wessel-Lied die Fiats 500 des MSI.

Gestern: ist
eine Verdunklungslandschaft – Ich
halte sie unvollkommen besetzt
mit meinen Thyssenhütten, Fahrrädern;
dem Jahrgang 40 soll ich mal singen
von Zarah Leander
und sagen was *Dienst* war und
Menschenfressen-Spiel
im Grünen Herz meines Landes,
                        Gestern:
ist eine Totenkopf-Heimat:
                  ich verzichte,

hisse Eimer
          (im lebendigen Kopf
ein Speicher mit all dem Früheren voll).

Das Haus im Forst steht weit entfernt.
Die Fahrräder der Kinder
liegen wahrscheinlich umgefallen auf dem Gartenweg.
Die Gartentür steht wahrscheinlich wieder offen.
Die Terrasse müßte um diese Vormittagszeit
von der Sonne hell beschienen sein.
Möglicherweise alles nicht.
Was passiert denn.
Angst vor dem Möglichen.

                VOTA (Sotrop
schreibts in seine Bilder, wenn
er nicht eben einen *lupft* oder *schnackt*
bei Bianchi); wochenlang (wieder; im Dröhnen ...)
in unserem unpolitischen Herrenpark
pickt Remo (weiße Tauben, blöd und fett, morgens
dazwischen im Mais) nach den votierbaren Programmen
vom Himmel; der Himmel
wird Werbefläche hier, ewig (heißt es, wie alles), und
Remos Kokeleien machen nichts
vom Krankheits-Dunst über Nordrhein-Westfalen;
und was da flattert (friedlich, faul),
sind nicht die Uhus von Gelsenkirchen –
(denk dran [aber Du schreibst ja im Brief]:
an unseren Wahlnachtjammer in St. Pauli.)
's ist im Wind:
                ist alles was man hier weiß

                      Du
weißt noch, September letztes norddeutsches Jahr,
in dieser Schnapsnacht, als unser Berliner Zampano
die letzte SchlechterVerliererSzene schmiß, sodaß
die christlichen Bildschirme grinsten, sodaß
ich nachher ins Kissen biß und
gelähmt lag –
      Du

weißt nicht: wie ich mit schrieb, sagte
verändern
(einst)
    – gelähmt
          weiß ich nicht und mache weiter:
es geht ja weiter
               entschieden unentscheidbar,
das weißt Du,
        daran halte ich nicht fest
im Zweifel / nur im Zweifel
bin ich nicht und halte doch *still,* nur
den Zweifel, sonst nichts, im Rücken
sage ich weiter verändern, frage ich
wie aber was –
         Du weißt nicht,
ich kann es Dir nicht sagen,
                 Du weißt noch,
September, daß ich gelähmt lag und
still war,
     bis jetzt
         nicht
in Ruhe gelassen
    – hier –
in der Ruhe der Insekten und Statute (denn
weiter die Geräuschanlagen im Kopf): pluralisiere
ich mich weiter.
        Stimmen. Wohin
er geflogen ist, und in welchen Städten
wir leben. Mit Statussymbol. Vergammelt. Aus
öffentlicher Hand. Fulltimejob. Che gioia vivere.
Diese Lippen auf Lippen. Alle Augen unterwegs.
Ein Ohr in der Gruga-Halle, eins
in der Brandung vor Big Sur. Sie schliefen
in Zelten und Jugendherbergen. *Im Park
in meinem Pavillon ... verträume ich ...
glückliche Stunden.*
        Und via Grammatik
verteilt man sich weiter und der Kopf ist
noch immer ein Globus
          (Miami

erst *wirklich* zum Beispiel) (Wirklich auch
Mister John Faulks: »Sucht Erdöl in der Nordsee.
Studiert Wahltrends in England. Baut Staudämme
in Malaysia. Ohne London zu verlassen.«).
                                                Ohne
Wirkliches zu verlassen (mit Zucker und Löschpapier
für die *Reise*) entfernen wir uns
in (: ich weiß ich verschleiße) *wirkliche* Luft,
Landkartenträume, neue Gegend –

                                    und wo ist,
was sich Rom Roma Rome Rome nennt:?
»Ich kann also Rom nicht beschreiben«,
schrieb Brandys, kein Alibi, »denn ich habe
Rom zu stark erlebt, mich selbst aber zu wenig
darin –«
      der polnische Standpunkt, denn *Sie
machen doch Ihr Vorhaben wahr und schreiben
ein Buch über* ...
                      nichts
als dies
       von Augenblicken
                                                etwa:
GRÜNES
      (Ampel oder Wiese)   und
Rosi Berndt in der Hängematte
                                        (Weizen
felder)
   – – – Fiumicino, Mole von, 9 Minuten
        Sonne sank
                / Fische
springen in den Weg   oder
übers Glasdach streicht die graue DC 8.
der seltene Lärm des Regens
                        morgens
ein älter gewordenes Gesicht
                             – nach Heu riechts
im Forum ... der heiße Mittag dauert
so lang wie ein ganzes Jahrhundert und
                                 plötzlich

passiert nichts mehr
/ Tevere: fern
wie ein Ganges und
(Tiber)
der Geruch der lateinischen Klassenzimmer
Dann
lädt Luisa Spagnoli ein vor Mitternacht mit
weißen Mannequins glitzert es Mitternacht Mila
Schön aus Milano
und Donna Rachele erhält
das fehlende, würfelgroße Gehirnstück zurück.
Sonst
ist nichts los heute
setzte einmal die Erinnerung aus
und ich sagte mir eigentlich sind ganz schön
nicht nur diese Bäume

im Park nachts
kämpfen die Katzen, und Himmel und Sterne,
was ist damit.
Der Kiesweg bewegt sich. Das sind die geblähten
Kröten. Es gibt nur noch Tiere, und es ist wie
im Frieden, der bald aufhört.
Es gibt nicht Tiere genug.
Hoffnungen in diesem Dunkel.
Fledermäuse zerschlagen die dunkle Luft.
Die Trümmer dieser Luft.
Das sind die Geräusche der Trümmer im Frieden,
wenn er aufhört.

Donnerstag. Wir fahren fort *in einem Werk,*
das noch nie so ohne Hoffnung schien, Donnerstag
heute und das ist nur ein Beispiel,
Donnerstag, denn
es sind Jahre, Fortsetzungen, Flüge, Brüche, Beispiele
und Donnerstage mit einer Erinnerung
zum Beispiel an gewisse Alsterschwäne und
einen Frankfurter Schlußsatz, mit Sätzen
zurück in Sätze nach vorn in tote Wochentage
mit trostlosen Geräuschen; heute genug; und

das große Verschwinden der Sätze geht weiter wie
das Älterwerden bis zum Abend; so
leben wir noch weiter

                     und wir liegen im goldenen Sand
bedeckt nur mit den Brillen der Saison
                                  – ach
ich möchte irgendwohin wo es regnet
                            den ganzen Tag
auf der flimmernden Küstenstraße stieg der Staub
hinter uns auf und wir litten wenn die See
wir nicht mehr sahen dann hüpften wir die Felsen
hinab
    es ging dann los mit Verstärkern über
die Brandung dröhnte der Sound weg so hört man
ja die Einschläge nicht der Napalmdinger
                                    unter Palmen
finde ich es herrlich an nichts zu denken
                                  denn
unseren Kater schliefen wir immer am Strand
aus und wenn er pistenhart war fuhren wir
drauf weiter bis zu den nächsten Austern wo war
denn das noch
        als Nancy, Nancy
mit ihrer gefräßigen Schlafzimmerstimme zwischen uns
müden Leuten herumfuhr da gab es immer nur
ein Hochkommen wenn zwei Jungens mal verschwanden
in den Büschen
        geh –
mach die Musik von damals nach
                           und überall
tauchten welche mit Transistoren auf am Ohr was
war denn passiert die chinesischen Grenzen sind
doch werweißwo dreh doch mal auf Monte Carlo
und die Paraden der Delphine sahen wir mit
unseren Gläsern weit draußen
                                so liegen bleiben
bis wir anderswo
      wo alles ganz anders ist
glücklicher werden

überall wo man GOOD DAY SUNSHINE singen kann
ohne Kopfschmerzen morgens
fliegend
wo man nicht immer von vorn anfangen will
wo man sagen kann hier habe ich kein Heimweh mehr
mit lauter Regen wenn man laut Regen gesagt hat
unter Leuten die man sich vorher aussuchen kann
ohne gleich husten und niesen zu müssen
jahraus jahrein
unten wie oben
wo genug Parkplätze sind
warum nicht bei Inge
wer will auch bei Wasser und Brot
auf Helgoland nicht
wo man nicht wieder wer ist
wo jeder seinen Transvestiten heiraten kann
allein wenns zuviel wird
wos nicht zuviel wird
auf einem Diwan in Petersburg
bei den Verrückten von Waikiki
wo der IBM-Mann nichts mehr zu regeln hat
am Marterpfahl und Modesty Blaise beißt dich los
nicht erst wenn man tot ist
im großen Goldsalon der Wüste
chez nous
im Mittelmeer wenn die 6. Flotte gut aufpaßt
sonntags immer
montags in grünen Gummistiefeln
dienstags Wilder Westen
mittwochs wieder mit Schnellinger
donnerstags in der Erinnerung
freitags durch die Luft und so weiter
samstags in der Beringstraße
ohne daß man gleich kalte Füße kriegt
und nicht erst wenns wieder zu spät ist.

sicher wächst uns wirklich bald die Gabe zu *die Welt*
zu schaffen in der sich der Leser glücklich fühlt
wo überall wo unsere Maschinen grade niedergehen schon Peter

S. uns erwartet und schon *haben wir schon ein paar Beschwerden bekommen* denn ganz sicher ist uns die vollkommene Fiktion aus den Händen geglitten und wenn wir nicht bald einen Gang höher schalten ganz sicher können wir die *Nr. 1* dann wieder in den Rauch schreiben *wir hoffen wir müssen das nicht noch einmal sagen Ed* und wenn einige Leute denken wir würden klein bei gegeben haben halten wir dem entgegen daß wir weder von unserer elenden Zähigkeit noch von unserem herrlichen Optimismus auch nur soviel aufgegeben haben daß bei irgend jemand auch nur ein leiser Zweifel aufkommen kann undsoweiter *seitdem haben wir Ed Ost nicht aus den Augen gelassen* und wenn wir nicht bald wieder zum Zuge kommen nicht wahr das hört sich schon komisch an dann ist der Zug nämlich abgefahren und darum machen wir weiter und erzählen jetzt die Geschichte von den Eulen in Island erstes Kapitel es gibt keine Eulen in Island

                                                            aber
es war immer einunddasselbe Gesicht
                                    Nico
es war immer einunddasselbe Gesicht
                                    Nico
(from Cologne)
               es war immer ein Lidschlag
drei Stunden
        ein Lidschlag: nach dem andern
                                  und
es war immer
        Nico
               einunddasselbe Gesicht
bis
   drei Stunden
               ein Lidschlag: nach dem andern
Andy Warhol
       aber
es war immer einunddasselbe Gesicht
                             dunkel

macht
        und noch in der selben Nacht, in der wir,
ich weiß nicht woher, spät und erschossen heimgeschlingert
kamen, ins MARTINIQUE,
                begriff ich,
morgens erst so gegen sechs, nachdem ich ein paar Mal
gegen die Wand gedonnert hatte, vergeblich, und
hinübergerannt war und da Ruhe verlangt hatte,
vergeblich,
         warum der Beknackte mit seiner Sonnenbrille
nachts in seinem schwarzen Zimmer, dieser Bekokste, das
war er, immer
              einunddieselbe
                    Single laufen ließ:
PERCY SLEDGE –
          ohne Stop, bis ich wie gesagt
mit den Nerven an den Rand geriet, immer
dieselbe Scheibe, bis ich, morgens als die Negermädchen
in den Gängen draußen anfingen, endlich selber hinein
geriet und mitdrehte und
                begriff –
ich weiß nicht warum;
              aber das wars ja immer,
die Art von amerikanischem *Zustand,* in dem ich immer
(einunddasselbe)
          begriff und nicht wußte warum
und nur wußte:
            ohne Stop, immer höher, weiter,
bis es dunkel oder hell wird.

            Aber. Mr. TWOMBLY,
was heißt denn nun
        CNIDIAN . . .
das fragten wir uns schon, als das Plakat kam
mit dem verwischten Trapez drauf und
              CNIDIAN . . .
jedenfalls fuhren wir abends hin; da standen jedenfalls
schon Berndts grinsend vor der Tartaruga-Galerie, und
als wir fragten, wieso denn . . .? sagten sie, grinsend,
alles voll da oben . . .

                    jedenfalls stiegen wir
doch hinauf und natürlich war alles leer dort
und wenn einer kam, ging er gleich wieder, und
wir nur standen da und warteten, daß
etwas noch passierte ...
                    es passierte aber nichts,
nur diese Trapeze auf den weißverschmierten Flächen
und
    CNIDIAN ... kapierten wir nicht und nichts
passierte weiter als weiter dies Grinsen ...
                    ich rief dann
nebenan im Rosati unsere Poetessa an (nein wir kapieren
auch nicht und das hat keinen Zweck nichts los auch
da oben und keiner da) und wir zogen jedenfalls dann los
in die Via Bocca di Leone ...
                    wirklich fuhr sie doch
unseren geliebten HARPER auf und wir
erzählten ganz ausführlich was alles nicht passiert war
(und immer noch sagte ich, da haben wir bestimmt was
verpaßt und wollte also gleich noch mal hin ... aber
wir gingen dann essen und trinken und in der Nacht noch mal
zurück zu HARPER) ...
                    und wir besprachen
auch noch die Schrecken der letzten Monate und
die möglichen neuen Querelen; nur kam ich nicht an
mit meiner alten Automaten-Theorie,
mir wars ja selber dann egal, denn wir freuten uns ja,
daß *im nächsten Jahr wir alle reich sein werden,*
und ich fragte auch nicht mehr,
                    warum
Cy Twombly nicht gekommen war ...
                    und (das
fiel mir gestern Abend noch ein, als plötzlich alles
Licht ausging und ich mit Boris seinen roten Kerzen
weitermachte) wir hatten uns noch die feinen
Möglichkeiten alle der neuen IBM erzählen lassen
samt all den bürokratischen Hintergründen des Service-
Systems – ja,
        dagegen hatte ich mein Gänsekiel-
System verteidigt,

                    und ich wollte damit sagen (und
das fiel mir wieder ein, als ich plötzlich in der Finsternis
mich wie einen prähistorischen Poeten sah):
                                            viel weiter
reichen wir ja nicht (und das wieder im Zusammenhang
mit meiner alten Automaten-Theorie) als die Feder reicht,
deren Geräusch nichts stört
in der Welt
            – aber es stört, das Summen der Maschine,
unsere elektrischen Poeten,
                            und auch das stört
nur sie und nichts in der Welt.

                    Dagegen . . .; nein,
die Fünfzehntausend in Nervis Palasport waren ja
schon ziemlich alle *in delirio,* als
                                    endlich
die STONES in die Arena hüpften –
                                na schön,
Mick Jagger riß uns ganz schön auf, aber
ich blieb dann doch wieder ganz kalt und sah
dem Rauch in den Scheinwerfern der Kuppel zu (ich
setzte ja noch immer einen mehr auf
John Lennon und die andern)
                            und natürlich, ja,
kam dann auch das obligate Erinnern an
SPORTPALAST
            und sagte nicht auch einer: das
ist ja *faschistoid* .. ?
                    Jedenfalls, ich sagte:
diese grünen und roten Ragazzen
                                (5 Carnaby-Shops
in der Via Margutta: das ist die ganze AVANTGARDE
hier)
    sind mir jedenfalls noch lieber als alle
Roten Garden;
            und wenn
                    (wer sagte nun das schon
wieder)
        beides auf dasselbe hinausläuft

                              (weil *dieser
Elan mehr Zukunft hat*),
                    dann, nächstens,
ist eben kein Platz mehr und (*eine sehr langsame
Eskalation,* versteht sich)
                         wir schießen zurück *(mit
der Vernunft? machst du da sowieso nichts mehr)*
....
....
....

Gedicht aus Köln: zum 60. Geburtstag von Hans Mayer

wieder die Tauben ums graue Als ob noch wie
ehdem wie einst eine römische Reste hier unter
dem Römischen Nordthor gefunden ist mein
Gedächtnis der aufgerissenen Straßen verschandelt
verschütt mit der Altstadt ins UBahnProjekt
auf vaterstädtischem Stolze gründet auf Rheinkies
Agrippa bis Grüngürtelphase dauert diese Heimat
deines Ford verliert beim Nähern nichts aus
der Ferne dies graue Als ob
       alles, hier,
ferner durch Jahre Entfernung: jüngst also wieder
kam ich –
  große Bahnschleife Südstadt Weststadt;
Sonne, Abend, lag zwischen Knapsacks *12 Aposteln*
(AG seit 1907)
    und das vaterrheinische Grün von
Max Ernst im Buschland von Brühl, als
vor der Bergischen Regenfront
      plötzlich
        blinkt auf
das gotische neunzehnte Jahrhundert und ich
kam doch nicht
    wieder die Möwen übern grauen
Weißtdunoch krachend im Winter Glanz der Kaufhof
Krippe summt Geläut der Schildergasse bis zum
Januar-Ajuja bimmelt weiter durchs katholische Jahr
gelästert immer im Grielächer-Sinn verstanden aber
nichts und Veränderung nichts da
   ˙dagegen
Herdenbriefe; Bekenntnis-Völkerball und heilig
allgemeines Einmaleins
    und wo aß
seinen Halven Hahn hier Marx?
      BRAUCHTHUM
s-Pflege und Philosophie im Lehrstuhl in der
Bütt; Bützchen für den Schutzmann und *wer
sich aber den Ordnungsorganen widersetzt,*

muß in unserem Rechtsstaat damit rechnen,
daß er entsprechend behandelt wird:
        unser OB
sagt es und unser Freund und Helfer macht es
mit Knüppeln Reitern Wasserwerfern
       – nichts nichts, nur
Studikerkrawall in Sachen KVB-Tarif; Gewerkschaft, SPD
stimmt zu –
    Lokalseite, Lis Böhle verzällt. Wenn
ich so an . . .
     (seit 1907:)
       singt es mit
Will Ostermann, treibt Tränen an Wolga, Tiber,
Hudson   Die Schweiz ist die
Nippeser Schweiz
     nicht
       vergessen den Namen wird man
sich merken müssen Versprechen aus der Jugendzeit
bleibt haften bis Stockholm im September erinnert
vieles Weißnichtmehr im Hinundher Verlust von
Straßennamen rührt ans Gedächtnis vom Verlassenen
noch heute nicht aufhört
       dies Einst
der Treppenhäuser, Ascheneimer, Höfe, Gärten und
kaputtgegangener Jahre
      / weiß ja noch   -Nacht
mit Hohenzollernbrücke
      (im Bau seit 1907) bis
hinter Mülheim hinter der klirrenden Kurve
          plötzlich
verschwindet
   grau und gotisch
   tauben und möwenumflogen
         Ist fort. Land
mit Ginster
   im Abflug unter der Flugschleife
Wahn wars im Jahr als nicht blühte am Bahndamm
blinkte es hinter Vorortfenstern ferngesehenes Gesicht
in anderen Städten ältergeworden standen die traurigen
Eltern wie die Zeit vergangen von hier nicht geblieben

ist denn Volksempfängerzeit auf alten Fotos
unwiederholbare Stadt zu Schutt im Kindereimer
später und wieder mit Kinderaugen verändert
mit Hoffnung riecht so noch ich träume der Rhein

Gedicht im Königsforst

dies, wenn ich nicht anfange, jetzt, wird wieder
ein nichtgeschriebener Brief
                              (wenn alles so bleibt
in diesem Jahr
            mehr eingerannte Türen, teils offen, aber
es geht jetzt bald los
                  in der Gegend hier
gehst du mit deinem alten Hut besser nicht mehr spazieren;
bald, sagen wir, immerhin bald, bald ist,
                                              was,
na, große Erlösung, ganz große: ab dann
hat sich jeder geändert –
                              altes Geschiebe, nochmals,
und hübsche Küsten, gestern, ein alter Golf
                                              im Bildschirm,
unten, die Erde, was sie noch ist, etwas
zum Freuen, also,
                    auf was, auf die guten alten Institutionen,
na warte
      in deinem revanchistischen Walde, mit etwas Schnee,
verschleiert der Schnee, was,
                              daswasist –
                                        Königsforst
nennt sich das noch und ich werde morgens da wach
vom privaten Geräusch der reitenden Reiter)
                                  : und ich könnte
Dir nämlich, ich hätte Dir nämlich schreiben können: siehst Du,
dies ist meine neue, waldreiche Umgebung, enorm privilegiert,
privat, ja –
      aber
Du weißt es noch nicht?
                        wir sind ja nun tot, wird erklärt,
tot und wie ein altes Sofa tot – lies
mal den Nachruf. Schön wie ein schöner Nachruf, den schrieb
unser Freund, fast zornig, weil er so lang schon,
und hat's nie gemerkt, ein schönes totes Sofa ist.

Etwas im Januar

Wetter wie man's immer kennt im Rheinland, so
geht dieses Jahr also los, Schneeregen
                      – eine Nachricht
für die ganze Republik, und jetzt
                      und wie
geht das nun weiter? Was ist
mit einem Gefühl für, sagen wir,
                      was ist, zum Beispiel
mit der Eifersucht –
              ganz souverän, früher,
mein Schneemann. Im Dritten Programm kann ich
zwar diskutieren, über, ja, und der Gegner war einmal
mein Freund. Mein Onkel war Offizier. Ich lernte
in der Kindheit, wie ich herumkommandiere, Handball,
Ehebruch, Ziehharmonika –
                      unser einziges Problem
ist der verschwindende Schnee; der Schnee,
als er kam, machte ja, sagen wir,
                      ruhig, nein, ruhig
sollte es nicht heißen. Gummistiefel
jedenfalls machen dich und mich so gut wie
robust,
      was wir brauchen,
sind zwei Sessel, ein Garagentor, und
was noch fehlt, ja –
                    dies war der Januar, und so
kann man anfangen, wenn noch, nein, weil
noch nichts los ist
            im Garten, dort
muß sich was ändern, spätestens, Büsche, ein Baum.

Landschafts-Gedicht

Nutscheid; Name eines Höhenzuges in der Nähe
                                                hier
kommt bloß wieder Privates zu Wort, also
Wasserscheide, Raketenbasis, Römerstraße; Gehöfte noch
soll es geben ohne Elektrisches aber mit Inzucht
in der Verwandtschaft – nun
                    ist es ein rauchgrauer Nachmittag;
Hügel, Schlucht und Mischwald; absoluter Schnee, Schnee.
Beobachten können wir
                nichts
                        ist im Augenblick wichtig;
es gibt nur den Winter. Dieses leerstehende Bauernhaus
da, was ist denn damit? nichts für die neue Geschichte;
hier geht es nicht los, weißbleibende Welt. Nicht mal
Rheinland im Matsch, Nutscheid im Wörterbuch
der Familie –
                nun hängt unser Exportmodell fest; ich
hab's ja gesagt; jetzt müssen wir bleiben bis März, bis
alles ganz anders
                    im Wald kommt da ein Mann und kommt
ein Hund. Das gibt es also, Mann und Hund
und eine Gewißheit: sie zerstören den Schnee, aber
der Schnee, den unser Heimatsender meldet, ist schon da.
Schön, gar nicht zu fassen, ganz wie
                        früher
immer, jeden Winter, Schnee mit Krieg. Wie nun
kriegen wir den Wagen wieder frei; ich schiebe ja
und rutsche aber immer weg. So stirbt es sich also, hoch
zwischen Siegtal und Bröltal, Wahn in der Nähe
                                            hier
damals hatte Apollinaire zu tun.

Schnee-Gedicht, 1969

nun, da kommt der englische Schnee, so
wird die Wetterkarte wirklich
                         – sonst wissen wir nichts
Neues aus Frankfurt.
               Schrieb einst George Brecht:
WINTER EVENT   SNOW   So,
nun passiert es, Sonntag Mittag.
                    Sehr,
vorm Bildschirm, sagen wir, gefällt uns heute
Barbara Bright. Wo reden wir von: West-
Berlin, oh Märchen, nix, in Westdeutschland, das
sage ich, spinnt die Regierung
                        – vom Reise-Märchen
reden wir, und draußen, vor dem Studio, ist Schnee und
Stimmung, der Dom. Bis Mittwoch jubeln wir dem Prinzen zu,
bis März, bis was
                – nun, alte Katholiken fasten dann und
der Große Rheinische Matsch kommt; so
sieht es aus, nach dem großen Schnee und dahin
ist die Chance des großen Vergessens
                              – bis
zum nächsten Ereignis, bis Schnee fällt, im Fernsehen,
auf die Länder
          da unten, nein, da oben
wären wir nun besser dran,
                Länder
auf der Karte und für Nachrichten nichts

Gedicht über Schnee im April

April-Schnee; schnell; noch einmal
ist fünfzehn Minuten
Winter und völliges Verschwinden
der Krokus-Gebiete
                und
fünfzehn Minuten, in Zukunft,
sagt Warhol, ist Ruhm. Schnell,
ein Gedicht über Schnee im April,
denn schnell ist weg
Stimmung und Schnee
                        und plötzlich,
metaphorisch gesagt,
ist Schnee-Herrschaft verschwunden
im Krokusgebiet
und die Regierung des Frühlings regiert.
Nun Frühlings-Gedicht.
Und schnell. Winter ist morgen, wieder,
und neue Herrschaft,
                nein,
nicht morgen: in fünfzehn Minuten,
mit Schnee, wie schnelles Leben,
sagt Warhol, metaphorisch gesagt,
wie Schnee, Verschwinden, April.

Zur Sache

Blau wird erst der Abend
wieder,
      blau, atmosphärisch gesagt, denn
dieser Abend ist sonst eine miese,
wortlose Sache, zäh
wie die Lähmung im Kopf,
seit Tagen, weil, und
das ist fast alles an Grund,
kein Wort fällt: zur Sache, zu
dieser Sache zwischen uns; ich
nenne es Sache, diesen wortlosen,
miesen Kampf, seit Wochen; eine Lösung
vielleicht, weil, zwar
wie oben gesagt, aber
wirklich
      der Abend blau wird.

Takes

Ein Gedicht im Fernsehen, Drittes Programm und Zur Nacht,
ist erst einmal ein Studio-Termin,
                                  und wenn's ankommt,
draußen in der Minderheiten-Landschaft, hört und sieht
die Familie zu
    /
        kühl lagern Schlechtes-Gewissen-Objekte
im Kühlschrank und sauber in der Gesinnung ist einzig, na
ja, der keinen Kühlschrank hat, bloß Möhren im Keller,
einzig;
     einst, sagt eine lädierte Generation, hätten
nur Möhren wir gelagert gehabt ...
                /
                     wichtiger
ist die Farbe der Weiden im Winter als die Farbe
der Weiden im Mai
    /
           und weiter im Geschäft
der Totsingerei – bloß weil's ein singender Totsänger
sang – verschleiert man sein totes Geschäft, als
wäre ein totes Geschäft wie ein schlechtes Gewissen
nach all diesen lyrischen Genüssen in der Geschichte
des Singsangs, der Vergeblichkeit –
                        so,
sagt Barrault, es hat sich die Richtung geändert,
geblieben aber sind unsere Träume
        /
                 es ist
ein verändertes Selbstverständnis, daß Jemand
seine Fähigkeit zum Leiden
benutzt
zur Abschaffung des Leidens –
                      sag aber,
weißt du nichts anderes als deine Wörter für mich,
denn
     außerhalb
            deiner Wörter

ändert sich nichts
                    /
                schweigend
warten die Freunde auf Neues, und weiter, wenn
Neues gekommen ist, warten die Freunde,
schweigend,
            auf Neues (und
dies ist das Problem, auszuhalten, weiter,
das Schweigen)
            /
                aber was die Stille will
ist,
    daß ich weiterrede.
Sagte John Cage.
            /
                Ein Gedicht im Fernsehen,
Erstes und Zweites, kommt nicht vor, weil
die Mehrheit Gedichte nicht will
                                – will
denn Gedichte die Minderheit?
            /
                Schnee ist
ein bleibendes Motiv; auch Fische, Wind und Küsten
kommen weiter vor: –   als
schwarzes Ereignis, Gift-Objekt, Abgas-Bewegung, Halde
oder als Erinnerung
an die alten guten Metaphern
            /
                unvermittelt
erlebe ich
        nicht mehr
Arizona
Eishockey
das Geräusch in Hallenbädern
gelbe Mäntel
neue Verkehrsvorschriften
Arbatax
das Meer der Ruhe
                ; die Neuigkeit aber
steckt in der alten Umgebung

der Kölner Bucht. Dies, was vertraut ist,
ist dies,
was fremd ist und fremd wird; so fährt mich die Tram
in die Fremde
von Merheim nach Ostheim
                    /
                            es riecht
in der Heide nach Öl, und
wir riechen es nicht,
weil wir nicht halten im Halteverbot
in der Heide
        /
            im Schnee, nackt und gefesselt, lag
morgens, erfroren, der Junge; er hatte sich noch
vom Baum befreit, an den er gefesselt war, und
er kam bis zur Straße nach Much, wo
er winkte und schrie:
es hielt keiner –
und wie denn, sagt jetzt einer, der nicht hielt,
hätten Sie's denn gemacht, allein,
in der Kälte,
im Wald,
in der Nacht?
            /
                die Frage
nach dem System,
                die ist leicht, weil
sie die Frage ausschließt, warum,
                                nirgendwo,
das Messer in der Küche und der Haß im Museum
bleibt
    /
        nun wieder frisch
der Frost. Unnachgiebig der Schneerest. Der Himmel
ein blaues Gesetz. Dennoch verhandeln wir
und bereiten uns vor auf einen Betrug
im Frühling,
        und, nicht wieder,
werden wir überrascht sein,
                    wie früher, wenn

wir glaubten, Anlaß zu haben
zu einer Hoffnung
/
         im Fernsehen
macht der Bild-Regisseur aus einem Gedicht
eine Folge von Bild-Einstellungen,
die den Zuschauer
ablenken
von den Wörtern und Gedanken
des Gedichts;
        begreifst du;
ein Gedicht im Fernsehen
hat ein Bilder-Ereignis zu sein
und hat nichts zu tun
mit bebilderten Wörtern
                      – und die Kamera schreibt nicht
Gedichte
    und die Frage ist, ob die Motive für Wörter
Motive für die Kamera sind
                – der Impuls aber,
ein Gedicht zu schreiben, kann der Impuls sein,
etwas zu sehen und sichtbar zu machen etwas
auf dem Bildschirm
/
        Südluft. Geräusche
aus südlicher Richtung –
        die B 55
und die Marschroute Napoleons in den russischen Winter,
Geräusche also aus der Geschichte in der Südluft
am verkaufsoffenen Samstag
                     – Stücke freien Himmels
abends; darunter liegt die Erinnerung
an Gartenhäuser und Gärten, samstags
mit Südluft und Rauschen in den Pappeln;
Bierflaschen klirrten. Die Schallmauer brach. Sommer,
kein Sommer gewesen
/
        so blieb nicht lange
unabhängig unsere Biographie
von der Biographie der Gesetze, Umstände, Massen

und Bewegungen
           und auch im Gedicht
bleibt die Vereinzelung
nicht Sache des einzelnen Sprechers
                            – die Sprache
der Umgebung dringt weiter und sickert
in jedes Gedächtnis,
              und so entsteht
ein Programm der Gefühle und Gedanken,
sodaß auch Stille
            das Zitat
eines Zustandes namens Stille wird
                /
                     und heute
kommt jeder mit einem Termin, der schon
ein Termin ist. Ein freier Tag
bereitet Angst und Entsetzen. Ein Arbeiter
im Urlaub kommt und sucht im Urlaub
Arbeit; fragt, was er sonst nämlich soll
                              – täglich
vergesse ich etwas von meinen Pflichten, weil
ich täglich vergesse, was Pflichten sind
                /
                      Sonne
bricht in die Zimmer und deutlich wird
die Ordnung des Staubs. Der Staubsauger
wird etwas ändern
              und weiter atmen wir
Staub
   /
   Glanz,
         was ist das, plötzlich, ein Glanz
auf den Straßen aus Blei
                  und hörbar ist
ein Vogel
      geworden
               – das ist einmal heute
die Minute der Überraschung
                      gewesen, und
ich weiß nicht, ob du sie wahrgenommen hast

– und alle,
      wir alle sind weitergefahren
                        /
                    ja,
manchmal ist etwas zu sehen, was wir früher
Die Wolken
        nannten;
manchmal ist das Wiedererkennen eines Gesichts
wie ein Erschrecken vor der weitergegangenen Zeit;
manchmal ist es ganz leicht,
einen Schnaps
ohne Zögern stehen zu lassen; manchmal
hilft nur die vollkommene Gleichgültigkeit;
ich weiß, ja,
        manchmal, immer
dieses Wort
   /
      unten
          ist
            etwas,
das langsam verschwindet
                        – kannst du aber erst sagen,
wenn du glücklich erst fliegst,
                      fort
fliegst
     und die Türme der Luft werden schön
als die neuen Gestalten der Illusion sein.
                                Bilder
sind es, Bilder der Luft, also
                    siehst du
sie nicht, denn nichts ist für dich
in der Luft
        und etwas, das unten
                        verschwindet,
ist kein Bild und kein Turm der Luft
            /
                      Dichter
im Fernsehen diskutieren ihr
                  Neues Selbstverständnis,
das heißt,

           die Große Irritation,
                          verbal sehr geläufig,
oder es heißt, das obsolete Produzieren schöner Wörter,
oder
      Der Klassenstandpunkt
                     : auf den kommt es an;
Schwenk, der Autor in der Arbeitswelt –
                                und da rauscht
auch schon der Strabag-Beton aus der Röhre
                                    – warum aber
durfte Peter Huchel nicht raus nach Italien, und
ist das eine Frage,
              die uns Dichter im Fernsehen
interessiert
         – Der Klassenstandpunkt
schweigt sich aus, es gibt nur die Klassenfrage, sagt
der Standpunkt, und die Große Irritation
ist keine Frage der Reisegenehmigung
                                – Enten
flattern über den Englischen Garten. In dieser Gegend
erinnerte sich Gombrowicz an das verlorene Polen.
Was macht man den ganzen Tag,
wenn man nichts anderes kann
als gelegentlich etwas wie ein Gedicht
                    /
                          ein Gedicht
im Fernsehen ist Arbeitgeber
für eine Menge Leute im Studio, die mit und von
Gedichten nicht leben. Mein Tisch
ist das Werk eines freien Schreiners. Es gibt
keine freien Schreiner. Mein Schreiner
schickt mir Neujahrs-Grüße: »Ihr Schreiner«,
schreibt er; ich warte
auf meinen Schreiner und meine geleimten alten
Stühle
    /
       und die Luft ums Haus
ist braun wie Öl, und ich vergesse
einen Brief nach dem anderen, und
die Wahl des Intendanten ward eine Farce, und

ich rauche zuviel
/
            dunkel, es bleibt
dunkel heute, sage ich mitten im Hellen,
heute, hat mit Stimmung was zu tun, und
deine und meine Stimmung läßt sich
vergleichen.
          Aber du sagst nicht, es bleibt
heute dunkel, und du hast recht, denn
dunkel bleibt es, heute bleibt es nicht dunkel
....
....
....
....

Das Ende der Landschaftsmalerei

I

Berliner Programm-Gedicht; 1971

Enten fliegen über den Englischen Garten   – dies
ist eine tägliche Wahrnehmung
                    jetzt
                              wieder knallt es,
und es sind keine Schüsse. Es sind im Wind
die knallenden Flaggen auf dem Brandenburger Tor;
so fängt hier der Mai an
                    mit Panzern und Protest
– sieh mal, Lebewesen
                    gibt es, nämlich ahistorische Sperlinge
hin und her zwischen, sagen wir,
                         deutschem und deutschem
Denkmal.
     Sagen wir. Also bestimmte Wörter kann ich
nicht sagen.
     Sag doch mal: Reichstag –   da wartet
die Stille
     auf ein komplettes Parlament,
                         und draußen
bewegen Bagger das Nichts der Umgebung;
                              einen Flintenschuß
weiter würde Heissenbüttel sagen: Bewacher bewachen Bewacher –
Die S-Bahn fährt nach Osten.
Die S-Bahn fährt nach Westen.
                    Ich nehme wahr
das Geräusch der Brücke, den Bahnhof Bellevue,
das Alter der Straßenbeleuchtung, Johannes Brahms
und die Erinnerung an Die Vierte Sinfonie und
die Momente neuer Verschwiegenheit –
                    keine Briefe mehr,
die Unmöglichkeit eines Briefes. Soll ich denn sagen,
daß ich anfange
          alles zu vergessen   – naja,

das glauben wir ja nicht
                    – ein Wechsel des Ortes:
und die Wirkungen eines Wechsels –
                              aber in dieser Umgebung
überlebt die Architektur der Erinnerung.
Nachmittage im Neunzehnten Jahrhundert.
Bendler-Block: Plötzensee.
Das Dasein der Rentner, der Bomben der Anarchisten.
Die nach dem Frieden von 1871 so genannte Au.
Roon und ähnliche Sockel im Tiergarten.
                                    Und
die goldne Madame Victoire betritt allabendlich
meine Heure-Bleue-Szene in den Augenblicken
dahinfließender Stimmung
                       – Ostwind als Stimmung,
Steppenluft, der Verlust der Ostsee und im Traum
ersteht wieder der Anhalter Bahnhof
                                 – aber jetzt zeigt
die Aktuelle Kamera die Gesichter des Führungswechsels
und zufällig erfahren wir vom Meteorologischen Institut
die Weiteren Aussichten: wenig Änderung
                                      – Grün
wird im großen Bildschirm des Fensters der Park,
täglich. Ein Außenseiter von Baum wird nicht grün.
Der Wohnsitz des Präsidenten im grünen Park.
Der Präsident ist nie da, und wenn er da ist,
ist der Protest da.
              Nun laufen Wachen
durch den Park vor meinem Fenster,
                               und ich sage
das Kleine Abendessen im Schlosse ab.
                                Nachts, jede Nacht,
machen Vögel Lärm im Park; wenn ich angeschickert
komme heim, höre ich
                  Vögel lärmen
                            im Park, aber
es ist Nacht. Und der Apfelsinen-Mond
erinnert an rheinische Vorort-Nächte mit einem Mond,
der die Farbe einer Apfelsine hat.
                              Nachts im Mai einst,

hat angefangen ein Gedicht im Birnbaum; deswegen
ist nicht anders geworden die ganze Gesellschaft, aber
anders geworden ist
der Fortgang einer Biographie. Ein Gedicht
verändert die Person, die es macht;
im Gedicht verschwindet eine Person und entsteht
die Wahrnehmung einer Person
und ihrer Umgebung
              – Angler am Ufer der Spree;
auf der anderen Seite die schweigende Beobachtung;
nichts ist schweigsamer hier als das System
einer Friedens-Bewachung
             zum Beispiel gegen
ein verirrtes Paddelboot auf dem Teltow-Kanal:
gleich Schüsse und ein totes Ehepaar –
                      Vorgedrungen
ist in Begleitung von Wolkenfeldern gestern ein
Tiefausläufer aus Westdeutschland. Wir loben
die Wetterberichts-Prosa, täglich, im *Tagesspiegel*.
Das bestimmende Hoch heißt Aljoscha. Kräftig
über der Biscaya das Hoch Clifton. Westliche
Ausläufer des Tiefs Euterpe. Beobachtungen
um 14 Uhr, Vorhersage und Weitere Aussichten,
Reisewetter in Europa.
             Ein rollendes Altersheim
ist heute der Interzonen-Zug, und auf dem Bahnsteig
Bahnhof Zoo findet Wiedersehen statt
von Blinden und Totgeglaubten; »Erkennen
Sie diese Dame?«
           »Nein, diese Dame erkenne ich
nicht, und diese Dame suche ich auch nicht.«
Gesamtdeutscher Jammer im Rauch der alten Lokomotive,
und es regnet in der Republik,
die im verregneten Fenster aussieht wie ein altes Land
der Auen, Flußufer, offenen Mieten, ungepflasterten Wege,
Holzzäune, Bollerwagen, Backsteinschuppen und denkbar
für ruhige Beschreibung –
           Unruhe in den Pappeln;
Pappeln lang im Anfang der *Chronik der laufenden Ereignisse*
von Handke; Pappeln in den Fernen

der Köllnischen Heide und vor den Ruinen
der roten Gasanstalt in Neu-Kölln; Pappeln im Gartengelände
am Bahndamm und in der Erinnerung
an Gartengelände am Bahndamm; Pappeln
im Kriegstagebuch von Hartlaub und es raschelt
in der ganzen Nacht wie grünes Blech
und dies bleibt das Geräusch aller Jahre
bis zum Verschwinden –
                        es glitzert der See,
der glitzernde Große Wannsee
mit Geschwadern von Schwänen
auf den glitzernden Straßen des Öls:
                        so bleibt
die verdorbene Wirklichkeit
            schön
fürs Wochenende
und Wochenend-Sternfahrt
in den sterbenden Buchten der Havel. Hier
bleiben, bis es vorbei ist,
das Dahinsterben der Sonderrechte und Systeme,
der Ufer-Villen und Gedächtnis-Erklärungen,
der Fische, der Bahnhöfe, der Ideen, Bäume
und Verständigungs-Illusionen –
                      hör mal, nun
schreien auf der Pfauen-Insel die Pfauen, aber,
                                hör mal,
kein Pfau schreit glücklich. Ich sage, das sind keine
Pfauen, sondern verwünschte, ins Verwünschte
geflohene Fürsten, und diese Insel
ist ein Exil   – nun
wird geschrieen im Exil. Und es gibt
einen gotischen Pferdestall. Eine Russische Rutschbahn.
Die Ruine der Meierei ward erbaut als Ruine.
Der Große Kurfürst und sein heimliches Labor.
Im Winter Winterhaus für fremde Vögel.
Ein Haus für Kavaliere.
Ah diese eiserne Kandelaber-Fontäne.
Im Winter übers Eis mit Hunden und abends
Ritte einsam über die Insel –
                      nun

treten wir heraus
           aus einem Böcklin-Bild
und rudern zurück in ein Bild
der sogenannten
politischen
selbständigen
Einheit –
      Im *San Marino* am Savigny-Platz
sind diese sagenhaften Florentiner Steaks für ganze acht Mark
und dazu diese Erinnerungen: alte ruhmvolle Gegend
der alten ruhmvollen Zeiten,
                zum Beispiel
S-Bahn-Quelle und *Franz Diener,* als
die Sache mit der Literatur
noch eine Sache von Lokalrunden war und
Höllerers Lachen hallte überall;
                     jetzt
gar nichts mehr; muffige Wortlosigkeit sitzt herum
und wählt samt Schießbefehl
Sozialistische Einheit; oder verbale Leichenschinderei
und vergnügt wird gepfiffen
auf letzten Löchern, und weiter wird bloß geschwiegen
zwischen diesen alten Mafia-Freunden
                           – aber
was sich geändert hat, ist nicht Sache allein
von kaputten Freunden und Freundschaftlichkeiten,
sondern alte Kämpfe kommen wieder
im Sinne alter Utopie
              – Trauer jetzt schon,
und zwar im Sinne einer lähmenden Vergeblichkeit,
die wiedergekommen ist wie eine heimliche Krankheit,
ohne Rechtfertigung, ohne Leichtsinn
oder die Hoffnung.
            Aber so geht es, und
wir entfernen uns und ziehen uns zurück, so
heißt es, bis der Wind sich gelegt hat, so
sieht es aus, und das sind doch falsche Vergleiche,
denn es gibt nicht
den Rückzug, den Wind –
               Wind, das

ist ja See-Wind jetzt; in dieser Stadt ist
                              plötzlich
der Geruch der See und wir sagen:
                              diese Stadt
ist eine See-Stadt
              und
wir fahren jetzt
              an die See. Wo
ist die See?
Stettiner Bahnhof.
Straßenschilder nach Stettin, Stralsund.
Es war einmal eine Reise nach Rügen.
Nach Mecklenburg; da sind,
im Dunst, Figuren, von Uwe Johnson,
mit Cordhosen, auf Sandwegen.
                              Wo
ist die See –   nun
fotografieren wir die zweiunddreißig Seen
von West-Berlin, und das heißt,
ich beschäftige mich mit Wasser-Strukturen.
Und noch zu notieren bleibt dies:
                              ein See,
der umkippt, ist hin und verloren
für mindestens fünfzig Jahre; das Beispiel
Tegeler See
mit einer Verölung von zweitausend Booten,
sechshundert wäre das Limit –
                       »wenn's
am Bodensee so stünde, hätte Baden-Württemberg
nichts zu lachen mehr«
              – und gelb
ist heute die Luft, und niemand
verantwortet die Luft, wie sie ist
und morgen wird, und wir sind beteiligt
und sagen nicht viel, und wir fliehen
in den Grunewald und versauen nun
den Grunewald –
              dann kommt es
zu sogenannten Vereinzelten Zwischenfällen, indem
sich sogenannte Oppositionelle Jugendliche

                              nicht abfinden
mit, z.B., den Panzern der Queens Dragoon Guards
auf der Parade-Straße bis zum 17. Juni
und weiter, so weiter
                    (»oh, it's Allied Forces Day«)
– ja,
    »aber vergessen Sie mal nicht, was hier
seit der Luftbrücke da oben nämlich
                              nicht
vergessen wird«,
              und ich lasse mir auch erzählen
von den Selbstmorden und den Vergewaltigungen
und den Schreien im Keller, und ich vergleiche das
mit der ganzen Angst in Thüringen, als
die kurze Chesterfield-Epoche aufhörte und
die Panje-Wägelchen kamen
                        – die rechten Worte
zur Entspannung,
              und schon geht der Krach wieder los
mit den stalinistischen Freunden, denn
auch der Einwand mit der Gegenwart
bestimmter Erinnerungen zählt sowenig
wie das Argument mit der historischen Erfahrung;
                                              rede mal
mit der Orthodoxie –
                das Gedächtnis
ist eine Sache von Generationen; schnell, schnelles
Vergessen, und weiter
                    wächst viel Gras, Botschafter
verhandeln –
          aber wir stritten dann weiter
bei *Cony*, als (staunten wir) auch noch der IBM-Mann
mit den Vorzügen des Sozialistischen Realismus
gleich das ganze System pries   – nein,
wir stritten dann nicht weiter, sondern
wurden still, in der Nacht
                    – es war aber nicht Ruhe,
bloß Egon sagte nichts mehr und Marion
hatte rote Flecken im Gesicht,
                        und draußen

mischten sich die Bilder ein aus den Nächten
vor drei Jahren, als auf der Kantstraße
Mannschaftswagen patrouillierten
und wir ohnmächtig anbrüllten gegen
die Staffeln der Berittenen Ordnung;
                                  später,
an den Seen draußen, war auch die Ruhe wieder da,
dieser scheinhafte Zustand von Friedlichkeit
mit diesen abgekehrten Gesichtern,
die nichts von den brennenden Autos,
den Wasserwerfern, den Steinen und Knüppeln
wahrnahmen
               drinnen in der Stadt
mit einem Geruch,
               und Gefühl, mehr nicht,
von Revolution –
               Die ganze Umgebung
wird überschaubar in Friedenau
auf den Meßtischblättern von Johnson.
»Kommt jemand / dichten Sie sagt er /
sehen Sie mich an /
ein Context / Erfahrungen montiert /
na gut«;
     und ich betrachte die Gegend,
zusammenmontiert, an der Wand,
und lasse mir zeigen die Nähe
von Peter Huchel
          – wie er da saß, suchte
Johnson genau auf der Karte die Gegend zusammen
aus seinen Erzählungen,
               verwischtes Erinnern –
und heute lag die Einflugschneise
einmal nicht über Friedenau, das
wußte ich in meiner Akademie
ebensogenau;
dann wieder, während der mecklenburgischen Mahlzeit,
sah ich vor mir Enten flattern   – »da
hat er geatmet, gehört, gerochen, gefühlt,
gelacht wie ein Mensch« –   und
– »sincerely yours« – Mr. Johnson

                              dichtete weiter:
»Tauben im Gras
PanAmerican über der Akademie
die Stadtbahn im Traum
Düttmann im Schlaf« –
                    grün
wie der Badische Wein
                    glitzert jetzt im Mond
diese Spree.
Es sind nicht Maschinengewehre, die knattern,
sondern Flaggen wieder im Wind,
und wir sagen: das wäre nun gar kein
Vergleich,
        zu sagen: wie
ein Maschinengewehr
                    knattert
eine Flagge
        hinter der Mauer.
Aber so hört es sich an, sagten wir, dennoch, bloß
hat verdorben die Sprache
sogenannter Frontstadt-Mentalität
die Möglichkeit eines Vergleichs; noch
im Tiergarten knatterte es weiter, bis in den Sound
der Rush-Hour hinein.
                    Da
stehen Beauties
            »langbeinig, hoher Wasserfall«;
Sommer kommt mit trommelnden Gewittern.
Nachtigallen. Nachtigallen.
                        Blue Moon
im Transistor.
            Wolken morgens wie in Schweden;
es ist eine Reise zum Wannsee in der Stadtbahn
an der Avus lang; Birken wachsen
zwischen den Schienen im Grunewald; der Grunewald
hört nicht auf;
            am Bahnhof Wannsee
hört alles auf –
            im kühlen Literarischen Salon
der Kaiserzeit-Villa am Wannsee

sitzen Maier/Bisinger; drüber zwischen Filmrollen
hockt Ramsbott auf seinem grünen Sessel,
träumt Filme,
        und es ist still; nur
Ulla Ludwig telefoniert jederzeit und im Treppenhaus
steht ein Kater, alt –
                alte Zeiten, als es anfing,
Cuba-Krise und die Stille in der Luft
machte uns alle nervös;
                was passiert denn,
wenn was passiert,
              »in dieser windstillen Mitte« –
Übungsflüge. Übungsschüsse.
                    Aber
wir warteten ja noch auf Augstein, und
während wir warteten, tat sich
                »der Abgrund«
auf. Augstein verhaftet. Die Gruppe schreibt
ein solidarisches Papier, und
                »nun werden wir alle
verhaftet«
       nach den plötzlichen Hamburger Gerüchten,
also was ist –
           die Betten krachen in der *Alten Post*
und von den Freundschaften war noch keine kaputt;
in Zehlendorf bei Härtlings die halbe Familie; das
war noch ein Herbst.
                Später in der Gegend
machte ein Hildegard-Knef-Walzer alles klar,
das heißt, klar war nichts, bloß
war die Situation da, in der sich ein Schlager
dann anhört
           wie eine letzte Erkenntnis.
Zum Beispiel in der Zeit im Steinplatz-Hotel, als
ich nur zum Schlafen kam nach
einem gewissen Quantum Guiness-Bier unten
bei Freund Karlchen; dann
klopfte noch aber Bächler wegen wieder neuer Probleme
und Nonnenmann geisterte fliehend durchs Haus.
Dreimal Schätzchen in der Nähe. Schonauer

ohne Führerschein. Tiergarten Natascha. Da
flattert ohne Knöpfe Raddatz über den Ku-Damm.
Bald hängt ja die ganze westdeutsche Provinz
hier herum in den Kneipen
      und schließlich
schwebt der Artmann noch aus Malmö herein –
Katalog im In-Group-Verfahren;
        Höllerers Zirkus
hieß es dann noch
     bis zur Hochzeit
mit kaschubischer Mahlzeit und der Freundlichkeit
zweier Polizisten beim Reinschieben der Juke-Box
von der Terrasse; *Ticket to ride* mit Erdbeeren
und Baumgart in der Dämmerung
hing dann im Baum –
       besuchen wir Richters
und altern an der Bar; Fortsetzungen
im Fernsehen, Drittes Programm, Die Krise
des Romans –
    Nun sind plötzlich verschwunden
die Kulissen des alten Kontrollpunkts Dreilinden,
bloß liegt voll Reifen und Autoschrott
die Piste
  – ich wollte noch Aufnahmen machen
und das Verschwinden dokumentieren; da
soll jetzt ein froher Camping-Platz hin mit
brutzelnden Pommes Frites
      im Niemandsland –
was ist denn los, nachts, an der Glienicker Brücke?
denn immerzu fährt noch ein Wagen
über die König-Straße zum Jungfern-See, bleibt
stehen eine Minute lang vorm Schlagbaum
der *Brücke der Einheit*
      und wendet wieder,
zögernd, als ob das unbegreifliche bliebe,
dieser ewig verhinderte Auslauf
nach Potsdam –
   am Wochenende geht das
konvoi-weise, wie eine Gewohnheit
       mit der Hoffnung,

daß plötzlich der Schlagbaum hochgeht
                            – kalt,
kann man sagen,
                glitzern Lichter im Wasser, und nur
der Wind
        vermittelt neutral von Babelsberg herüber
das Kurvengeräusch der Straßenbahn
                                – Trost
in der Nähe ein Kornfeld
                    für den Abend.
Ich schneide Zeitungsartikel aus;
                            Löcher im Gedächtnis,
aber es wird kein Archiv draus,
                        kein Vertrauen
zu Fakten
      – was heißt hier Fakten
angesichts der Formulierungen im Geist
dieser verlegerischen und redaktionellen Interessen;
diese Wörter
kosten und machen nur Geld
                        – ein Gedicht
dagegen, wochenlang konzipiert,
                            ruiniert
seinen Mann und richtet sich gegen die Interessen
der Familie
        : ein völlig asoziales Produkt;
dazu noch, in Sachen Kommunikation, nicht mal
ein Medium für Minderheit
wie noch das bankrotte Westdeutsche Fernsehen –
na siehst du: nun
sei mal gesellschaftsbezogen und laß die Finger
von der Poesie für Niemand und Nichts
                                – fein,
ein wirkliches Rezept, jetzt werden wir richtig
glücklich
        und mit uns
die ganze unglückliche Gesellschaft
                            – Ton läuft;
kein Schweigen, aus dem nicht ein Statement
zu machen wäre

                    – Aus-Taste;
                              weiter, denn
weiter lebt das Repertoire der Erfahrung,
und siehst du,
             du kannst sie vergleichen,
deine Erfahrung,
                mit Wörtern und Sätzen.
Da liegen die Boote; sonntags, im Morgengrauen,
sitzen die Angler in ihren Booten
und manchmal hallt ein Wort über den See.
Die Angler sitzen allein;
                         sie warten
und sind verschwunden, ehe es losgeht
mit Ausflug und Wassersport,
                            und verschwunden
ist das Bild einer Leere, ein graues Bild.
Wo bleiben? An den Rändern der Stadt
altert die Geographie.
Der Inhalt alter Schullandkarten
mit den gelben und grünen Flächen
der Norddeutschen Tiefebene; die Traum-Wörter
der Erdkunde; manchmal
sind Traum-Wörter
                  wirkliche Dinge
im Rest dieser Landschaft; der Sandweg,
die Kiefern, das Schilf
                       – das Land
ist nicht Eigentum der Phantasie, aber
es verändert sich:
                  eine Projektion der Erinnerung,
der Ideen, der Einbildung und der Schmerzen.
Und es bleibt
             ein Produkt der Geschichte, und
es verschwindet in einer Zukunft –
                                   erzählbar
ist, was ist erzählbar: ja, Tom Stoppard,
im Studio auf der Leinwand, erzählt die Story
von einem Mann und seinem Pfau,
                               das heißt,
es ist nicht die Story von einem Mann, der

während des Rasierens seinen Pfau hinaus
auf die Straße laufen sieht und nun
aufgeregt und halbrasiert seinem Pfau
auf die Straße hinaus nachläuft,
                               sondern
es ist, wenn es eine Story ist, die Story
von den Leuten in einem Auto, das gerade
auf der Straße vorbeikommt, als ein Pfau
und ein Mann, halbrasiert, über die Straße
rennen –
         und, sagt Tom Stoppard, da
sehen nun plötzlich Leute einen Pfau und
einen halbrasierten Mann,
                        und warum, was
soll das, fragen die Leute und verstehen nicht
das Ereignis,
               das doch erklärbar ist
                            (ja, wenn, zuvor,
man die Story kennt von einem Mann
und seinem Pfau)
           – noch weniger
ist zu sehen als jedes sichtbare Phänomen,
und was ich höre, ist
                    spätestens beim Wiedererkennen,
ein vermitteltes Geräusch,
                    und was ich fühle,
ist die Kruste der Gewohnheiten
                – aber, sag,
es gibt doch die unbenennbaren Erfahrungen,
                                    ja,
die riesigen Räume ohne Wörter
                        – da draußen alles
ist ein tägliches Gedicht,
                ein täglicher Widerspruch
der Systeme, der Fiktion der Begriffe.
                        Mehr passiert
in der Umgebung der Wörter
                  – aber da sind
die Wörter wieder:
         die Wörter für das, was

wir Enten nennen, die Seen und Spree
und den Grunewald, die Mauer, die Stadtbahn,
die Akademie, die Glienicker Brücke, Paris Bar,
Rieselfelder und Siemensstadt, Kornfeld,
einen alten Mercedes und ein brauchbares Studio,
Segler und Angler, Schüsse, Schnäpse, Wind
und die ferne Ostsee
       – da sehe ich etwas
unter den Wolken, was ich sage
          (etwas)
mit den Wörtern
     – aber ich sehe nicht Wörter,
fliegend und still; es gibt kein Gedicht
hier in der Luft oder unten im Wald.

II

Einst, im Februar

See-Wetter; aber die See nicht.
Diese Erinnerung an Küsten; Küsten
des Exils, die ich so nannte,
einst, als ich hierblieb.

Im schönen Wetter

Wirklichkeit heute: die Wetterkarte
von gestern abend
                – so, siehst du,
leben wir heute, heute
                      nichts
passiert mehr. Sage ich mittags.
Nun geht der Nachmittag
nicht mehr zu Ende
                – plötzlich,
nein, plötzlich nichts. Etwas,
das mich verrückt macht,
                nein,
auch nicht verrückt. Siehst du,
ich täusche mich, ständig, während
die Wetterkarte,
                ganz überraschend,
heute, im Recht bleibt.

Privatbereich

dieser Regen hört nicht auf; ungestört (schimpfe
ich) schießt der Rasen
                     – nein, der Rasen
schießt nicht.
          Dementi. Unwiderlegbar:
Motorsägen, Pipeline,
                gleich um die Ecke
im Wald.
     Regen. Rasen. Wald.
                        Schöne
Wörter
    für Schöne Aussicht   – nein,
widerlegbar.
      Aber (lese ich)
der Grundwasserpegel: die Notwendigkeit
von zwei verregneten Sommern
                         – aber,
was wird aus Rasen und Wald?
                       Winter
dazwischen. Stornierte Projekte; Streiks.
Und weiter Sägen, Erdgas und die Luftbilder
für neue Karten, mit Resten
von Feldern, Gewässern und Wald.

Im Frühling

Grünes, verschwindend; und mehr
verschwindet: Fachwerk, Gewißheit, Stille
in Seitenstraßen
             – was, wieder, belebt
die Wüste im Kopf
             – Kein Fragezeichen;
oder ein Fragezeichen
                auf leerem Papier.
Die Ratlosigkeit, auf wenigen Gesichtern,
nein,
    ich nehme wahr
wenige Gesichter. Und ich nehme,
verschwindend,
             weniger wahr; weniger
gibt es, Grünes, Gewißheit,
                      und
es ist kein Beweis, die Nachricht
von Gestern, Krise, Hoffnungen heute.

Am Mauspfad; Autobahnbau

Der Zaun: steht geschrieben auf den Brettern
des Bauzauns um die Baustelle herum,
und vorbeigehend täglich glaube ich
weniger, daß es ein Zaun ist.

Natur-Gedicht

in der Nähe des Hauses,
der Kahlschlag, Kieshügel, Krater
erinnern mich daran –
nichts Neues; kaputte Natur,
aber ich vergesse das gern,
solange ein Strauch steht.

In der Stille

der Kran, heute, ohne Bewegung,
und ich sehe nichts, heute,
im Ausschnitt des Fensters,
was sich bewegt

Zwischen Kindern und Tauben

Tauben, ein Taubenschwarm über dem Domplatz,
knatternd wie
        Tauben; Bomben, Drohung
mit Bomben im Funkhaus,
                und Sonne,
die Nachmittagssonne auf den Gesichtern.
(»Das sind nicht Linke, das sind
die Faschisten.«
          Ach wirklich –? »Ich
wollte bloß einmal testen, wie Sie
darüber denken.«)
            (Ich denke: das hat
so seine Geschichte –)
                (Und Schweigen, da
schweigen die theoretischen Freunde)
Jetzt
    klatscht ein Kind in die Hände,
zwischen sitzenden Tauben,
                und hoch schreckend
schwärmt ein Taubenschwarm ab.
                    Domplatz,
damals im Bildschirm-Format, als
der Bankräuber-Film
            Wirkliches war –
aber nun nichts,
        noch nichts, knatternd
wie Tauben
      die Tauben und Sonne
auf den verdächtigen Gesichtern
                (denn
»Schweigen ist solidarisch«, sagen
die solidarischen Freunde). Zögernd
zum Parkplatz; der Parkplatz,
              plötzlich,
ist leer –
     bald, wir nähern uns
der Tagesschau; im Vorort, knatternd,

Rasenmäher
           und Rauch mit Tauben
sitzend im Baum,
              schweigend im Baum;
ich denke an Schweigen; ich sage: Baum.

Zehnter Juli

Ginster; mit einer Ansichtskarte
von der Insel Elba kommt Ginster ins
Haus; Proust hat Geburtstag; und
es kommt die Erinnerung an Ginster
in den Jahren, als am Bahndamm
nicht blühte der Ginster.

Mittags-Geräusch

Riesig die Fliegen; eine Art Offensive
im Sommer
            (einmal,
Stille und Hitze,
im Gasthof im Dorf im August,
erinnerte mich
das schwere Gesumm an das schwere Gesumm
in einer Küche im Dorf im August,
und es war,
in der Stille und Hitze,
                    aufeinmal,
das Summen der Bomber
aus dem Raum Hannover–Braunschweig)
und ich lobe
        jetzt
den Panzer des Kühlschranks.

Geräusch-Moment

Ebene; mit Weizenfeldern, in Bewegung. Ich liege
und rühre mich nicht; mein Kamera-Blick.
Näher kommt ein Geräusch. Was ist das;
was war das. Die Unruhe, in den vergangenen Jahren,
hörte nicht auf. Oft dachte ich
zu verschwinden, hinter den Baumgruppen, westlich;
Nähe der Küsten. Nun sehe ich, wie der Sommer,
sonst nichts, an Schrecken verliert.

III

Nach einer langen Zeit

Verwüstung, ein Zimmer.
                      Wo
sich nichts ändert. Irgendetwas
verschwunden; der langsame
Fortschritt
            des Verschwindens.
Jetzt; etwas
         nicht
wahrhaben wollen. Der Beweis
der Verwüstung. Genug.
                    Und
fortgesetzt; wieder.
              Langsam
und wieder, ein Leben.

März, einziges Gedicht

aufwachend willigte ich ein, nicht mehr
zu rauchen,
          aber es war nur im Traum
eine Verhör-Situation, ohne Folgen
für die Gesundheit, die Geschichte, den Überbau
– an diesem März-Nachmittag
                 änderte sich
nichts, aber ich wachte auf und ging
auf die Straße, und in den Gärten
der März-Geruch und hinter den Fenstern
das Flimmern des Nachmittag-Programms
– weiterlebend, ich weiß nicht,
                 welche Momente
wiederkommen, im Traum, im Gedächtnis;
folgenloser Tag, und die Gewißheit
der Täuschung, der Neuigkeiten,
der Unruhe und Suche nach Zigaretten.

Im Jahr vor seinem Tod
(New York, März 1972)

Edward Steichen, Jahrgang 79,
Museum of Modern Art,
nun, in seinem Haus, einzig
beschäftigt zu fotografieren
vor seinem Fenster den Baum.

In der Nähe von Andy Warhol

als er dann wankte und umfiel,
der Schwarze auf dem Union Square,
hob ich ans Auge die Kamera
und sah im Sucher, daß
er liegen blieb
zwischen den gehenden Leuten.

Coney Island

– also, dann essen; zum Essen, unten
im Haus, ruft meine Frau, und
ich will
     (warum? wir sehen noch)
auf meine aufgewärmten Spaghetti
Tomaten-Ketchup
          : aber von »Heinz«.
Mittag. Und müde. Und Unterbrechung,
denn ich saß ja
     (Impuls der Erinnerung)
gerade an einem Gedicht.
          Nun weiter.
Aber ich weiß nicht.
     Aber ich weiß, ich
wollte Ketchup von »Heinz«: Erinnerung
an Coney Island, wo
     (unterbrochenes
Gedicht) die alten, sehr alten Leute
sitzen, im eisigen Märzwind, mit
Sonnenbrillen und in den Hüllen
der New York Times
     – so ungefähr,
und dann noch einige Zeilen über
die Sehnsucht, über den eisigen, sonnigen
Nachmittag mit Blicken
     (aus dem Exil)
über die Krümmung des Meers,
weil
  (Erzähltes) dahinten,
          hinter
der Krümmung,
Erinnerung und Europa
     – Zeilen
über Erinnerung;
     und über die Emigration?

Nachmittag. Ich weiß nicht. Geschmack
von Ketchup, »Heinz«.
                – also, essen;
kein Gedicht über Coney Island, später, im Mai.

Wechselnder Wind

Paestum. Oder war Birra Peroni gemeint ... Keiner wußte
was, auf der Goulasch/Matratzen-Party; wer war
Raymond Roussel –
                Schatten seltener Wörter
                                          (un-
bemerkt)
      wandern ab. Zugestempeltes Gedächtnis.
Wer fuhr den blauen Volkswagen, am Ende
                              welcher
Kurzgeschichte? im Regen ...
                      Aber die günstige Zeit
für Schellack-Platten; die Neuigkeit des alten Geräuschs;
und die Straßen werden nicht
                         leer und dunkel
sein –
     Wechselnder Wind, zum Vergleich; Wind
im Wechsel der Metaphern
                       (das Ende der Metaphern, oder:
Ziele im Neuen Deutschunterricht).
                          Die Meisten merken
nichts
     (etwas bereitet sich vor); einige sind schon
von selber gegangen; andere still und zögernd.

Fernsehen, 1972

Draußen, dies ist Sommer, und drinnen,
ein Film, dies ist ein Film
über den Sommer von Thomas Wolfe
in Berlin, vor sechsunddreißig Jahren,

als unser Garten voll weißer Gartenmöbel
stand und alle die Fotos entstanden
der Unwissenheit, auf denen ich wiedererkenne
diesen Sommer, der jetzt im Fernsehen lief.

Vormittag, Zusammenhang

sieh mal, der gute Kater liegt jetzt
in der Sonne,
             schlafend, unweit
des Vogels, den er heut morgen
erschlug,
        und deine Bluse
hat jetzt einen Riß

Freischaffender

Stiller Tag, und das stimmt nicht;
die Beitragserhöhung der Krankenkasse,
wir schimpfen und nun weiß ich, daß
ich gesund bleiben und mehr wieder
tun muß
        – stiller Tag, und summend
meine Schreibmaschine ernährt die Familie
des Stromablesers mit; nun weißt du,
welchen Nutzen meine Wörter haben und
warum ich in mein Zimmer gegangen bin.

Dezember-Gedicht

und dies ist Dezember; in diesem Jahr
ein Monat mit Streik, Krieg, etcetera,
                                      und wieder
ist diese Sache, die wir
                    Christnacht, Weihnachten
nannten,
       einst, als eine Sache wie
                              Ökonomie
noch wie ein Märchen war.
                        Nun, frage ich,
ist dies das älteste Beispiel für
                            Täuschungen
in der Kindheit (»Engel-Haar« auf den Teppichen,
und als das Fenster klappte, sieh mal, »war
das Christkind fortgeflogen«), und,
                            frage ich,
glaubten wir denn
             gar nichts mehr, seitdem –
Immerhin, keine Sirenen am Heiligen Abend,
und so war Stille
            (»Kriegs-Weihnacht«) einmal
kein Märchen;
            konkret, wie diese Erinnerung.
Aber, wo
      ist der Schnee jetzt: die alten Bilder
sind Bilder mit Schnee
                  (das Beispiel
Erinnerung Landschaftsmalerei), oder
das Rot auch der Abendhimmel
                            (»Christkind
bäckt Kuchen«) –
                dieses braune Geniesel,
nun, in der Ölluft,
           dies ist Dezember.
Feuilletons wider die Heuchelei, fromm
wird die Hamburger Presse am Sonntag;
Advent.

   Dies ist Saison, und am Heiligen Abend
sehen wir Beckett, wieder, Drittes Programm.
Weihnachten, also,
       ist eine Sache der Medien,
und der Hessische Rundfunk plant
eine Sendung
    mit Lyrik
für diesen Termin, und ich schreibe
         Lyrik
für diesen Termin;
    bloß, wie
erkläre ich dir, was einmal war,
zum Beispiel
    »Hohe Nacht der klaren Sterne«
oder die Sache mit
       Krippe, Esel und Ochs –
Wörter, hörst du, die Wörter.
        Die Wörter
für Bäume, Sterne, Schnee, den Umsatz und
das Evangelium, das Erinnerte, die Zeit
vor zweitausend Jahren
      und diese Saison.
Rückenschmerzen; schwieriger Etat. Aber
wir singen,
   nein, deine krächzende Stimme –
also, dann still,
    und vielleicht
noch (Bilder, Dezember)
       der Schnee.

Sylvester, nachmittags

wenn überhaupt, die Tröstungen später, und
für was dann, das kriegen wir
nicht mehr zusammen
                       – aus dem Haus gehen,
keine Verwendung für Verkehrsmittel;
in der Nähe ein Bachlauf mit Erlen und
der rostfarbene Glanz der Sonne
auf den harten, rissigen Wiesen
                             – Jahresende,
und es ist ein Krachen in der Luft, sonst
nichts mehr zu hören; Neues
am Rande
         – nimm's mir nicht übel,
gleichgültig weiter zu leben, denn es stimmt
ja auch nicht; jeden, nein, fast jeden Tag
von etwas getroffen
                      – Fröste; blockierende
Vorkommnisse, und der Bach kämpft
ganz selbstverständlich; ein Rest Gemäuer,
da, bröckelt immer weiter weg

IV

Mielenforster Wiesen

Spaziergänge, mit Krähen allein, und
alte Schatten gehen mit, Etat-Probleme, die Nachrichten
von Luftschießerei
             – dies am Samstag-Vormittag;
der Vorort bei der Wagenwäsche, Zeitungsgeld
und Bierlieferung, kein Rasenmäher
im Dezember
             – »Wunschzettelzeit«; die Zeit
der ganzseitigen Inserate
                         (»ich aber wünsche nichts;
das heißt nicht, daß ich wunschlos bin«).
                                         Im Wald,
ein Nieselregen kommt und weicht
die Wochenend-Ausgaben auf,
                           – Krähen,
dies ist sicher, krächzen, sozusagen, jetzt; der Anblick
eines leer gelassenen Felds,
                           und das Wiederfinden
des leer geräumten Schrott-Modells: so, ungefähr,
die Neunundfünfziger Saison
                           – (»und gehen Sie
viel spazieren?«) Auf Seitenwegen plötzlich
Nachbarn, und wie erklärt man sich: »nur
einfach so, mal frische Luft...« / Verlegenheiten
im Niesel
        – Verschwinden wird schwierig;
dies, zwischen Dellbrück und Brück, sind nicht
kanadische Distrikte
                   (»Gleich hinter Vancouver
beginnt der Wald, beginnt nichts...«); Schneisen,
neue Schneisen der Pipeline wechseln über
in Trimm-dich-Pfade; Tagträume
verändern den Tag

                    – Bachufer und Bäume,
zum Wiedererkennen, weil sie beschrieben und fotografiert
sind, und das Wiedererkennen ist eines
von Bildern und Wörtern,
                    mit einer Wirkung,
die nun die ganze Gegend
                    verändert (wie aber,
wenn niemand sonst eine Wirkung
von Wörtern und Bildern
                    wahrnimmt)
                                        – Problem
in der Landschaft. Landschafts-Probleme;
Immobilien-Inserate unterm Arm; dieser Weg
führt in Schluchten
            (»die Flüge über die Canyons«).
Die Schlucht des Autobahnbaus. Und der Abbau
einer noch herrschenden Ruhe; zwischen den Kiefern
Magirus-Deutz.
            Ausgewechselt werden die Kiefern
gegen Laub und Büsche, Mischwald; so plant
die Wald-Verwaltung; kein Grunewald hier, wo
rheinische Boden-Bedingungen herrschen
                                        (und ich
sagte immer, auf Fahrten in die Flughafen-Heide, hier
fängt ja schon der Grunewald an)
                    – Motive
und Spuren. Wo Erich Schuchardt die Wiesen
malte, die Wege nach Refrath, die Wege
in die Ukraine;
            vermißtes Gesicht, und das Ende
lokaler Landschafts-Malerei.
                    Alte Schatten
gehen mit; zugewachsen die Bombentrichter, sanft
die Mulden erinnern die reitenden Kinder
an nichts
            – gut so; der Lärm in der Luft
bedeutet, für irgendwen immer, Profit, und
die Kühlschrank-Ruine im Unterholz hat für sich
die Zukunft der Archäologie, und
                    Friedliches

auf der Landkarte
             erhofft der Leitartikel
unterm Arm. Schüsse, weil
Jagd-Saison ist; am nächsten Wegkreuz lagern
die Bierkästen der Jäger; Nachbarschaft
mit Gewehren
           – und Schrifttafeln, Zäune
ums Wasserschutzgebiet, das aussieht wie
                              Niemandsland,
Grenze und Zone,
            aber ein Beispiel ist
für falsche Vergleiche; für eine Gegend, die
eine Vorstellung erzeugt, die mit der Gegend
nichts zu tun hat
           – so bleibt der Bachlauf
ein Bachlauf, und hinter dem Stacheldraht
steht nichts
         (stehen im Frühling die Kühe),
Hochstände modern im Unterholz. Zärtliches,
einst, im Unterholz.
             Alte Schatten gehen mit;
die Nähe des Gesagten und Erzählten,
                           und jetzt
die Bilderstreifen der Jahre im Kopf,
                         so sehe ich
nichts mehr
          – Dunst nimmt zu; Niesel
erklärt die Gegend und macht sie nutzlos
für Prospekte. Reise-Ziele unterm Arm, aber
näher die Krähen
             (»die Adler versprachen
ein Leben ohne Behörden«)
                      und
Gänge weiter in den Trümmern des Walds.

Kölner Fernseh-Gedicht
*Geschrieben zum 10. Dezember 1972, im Auftrag
des Westdeutschen Rundfunks, für die Fernseh-Sendung
»Heinrich Böll – Der Schriftsteller und die Öffentlichkeit«*

Westdeutscher Rundfunk; Kamera-Auge; atlantischer Wind
über der Kölner Bucht
               – nun denke ich, sage ich:
10. Dezember. Wo ist Stockholm; hier ist
die Lufthansa, Leverkusen und Knapsack; umflattert
von Möwen und Tauben, das sogenannte lyrische Ich
auf dem Funkhaus-Dach
                     – nun, großer Rundschwenk;
der Wind drückt die Kamera weg
und der Kamera-Mann ist schwindelfrei nicht.
Unten die Stadtautobahn; Nord-Süd-Fahrt;
das Geräusch der Zerstörung des Altstadt-Systems,
aber
    (wir sind ja geboren, hier, mit, sagt man,
einem historischen Instinkt)
                        die alten Wege nach Rom,
das Alter der Namen, Steine, Ruinen, Gerüche, Gebeine;
den Bau unserer U-Bahn betreibt
                     die Archäologie.
Was wird man, wenn jetzt,
               jetzt alles
verschwindet, finden von uns:
                     die Heinrich-Böll-Straße
nicht;
    immerhin, wir kennen nun endlich die Gegend
des Hauses von Stefan Lochner, Reste
am Quatermarkt, 1444 –
                 Trost der Zukunft;
und wie es vor 100 Jahren war, erzählt schon
gesammelte Photographie,
               Bildbände der Erinnerung:
sieh mal, als unsere Stadt noch eine Festungsstadt
und zwischen den Ufern statt der Hohenzollernbrücke
eine Mausefalle war;

                    da stand die Kaserne
der Deutzer Kürassiere;
                    300 Pferde und das Ende
des Zeitalters der Pferdebahn;
                    so sahen
die Poller Milchmädchen, so die Kaiserliche Majestät
vor den stummen rheinischen Zylindern, und so
die Herren Hindenburg und Adenauer
zwischen den Spalieren des Stahlhelms aus;
                              Vorfrühling
DADA und im Brauhaus Winter verprügelte Mutter Maria
Sohn Jesus;
       Tanks am Dom und Frau Flöck
die sitzt im Kinema, im Café Monopol
die Progressiven
            (heute Funkhaus mit der Fiktion
eines gewissen Doktor Murke darin) –
                              kein Elternhaus
ohne die Souvenirs; die städtische Seele
im Stadt-Archiv.
            Stadt-Anekdoten; und so bleibt,
sagt unser stadtältester Dichter, eben »die Pein,
in diesem Gefälle zwischen Proust und Ostermann
aufrecht zu stehen und gelegentlich zu rutschen«;
aber,
     lasse ich mir sagen, unten
bei Will Ostermann würde mir eher ein Brunnen
geweiht,
       auf meinen Namen,
mit Sang und mit Klang
                 – wir
singen nun nicht, heiser in den Kneipen, hustend
im Dunst der Chemie;
                 auch dies wird kein
Stockholmer Preislied, sondern ein Auftrags-Gedicht
mit Terminzwang –
            Tiefdruck-Systeme
beherrschen das Wetter der Bucht –
                              Notiertes Böll-Zitat:
»Die Geschichte des Ortes, an dem einer wohnt, ist

gegeben, die Geschichte der Person ergibt sich aus
unzähligen Einzelheiten und Erlebnissen,
die unbeschreiblich und unwiederbringlich sind«:
hörst du, so
           wissen wir nichts
von den Namen im Telefonbuch, vom Inhalt
des Einwohnermeldeamtes, vom einzelnen Leben
der Zuschauerzahl,
                aber die Mehrheit, das Öffentliche
ist etwas, das uns sprechen und stumm zugleich
macht, das uns hindert und stößt,
glücklich, kaputt macht
                   – Träume beschreiben:
Beschreibung von Zwang und von Flucht.
                          Wörter
dagegen für die Veränderung, anderswo und im Land,
rhetorisches Format, Sporthallen-Umgebung
                          – fragen wir
nicht, wie das ankommt und wirkt: Wörter
nämlich mit allen Rechten
                der unnahbaren Utopie.
Wörter aber,
        was ist mit den Wörtern im Gedicht,
im Fernseh-Gedicht,
              oder im Heimat-Gedicht
unsres weltmeisterschaftlichen Heimat-Dichters,
ich lese mal vor:
        »Wer an Kanälen lauscht /
kann sie hören / in Labyrinthen / unter der Stadt /
über Geröll, Scherben, Gebein / stolpert die Madonna /
hinter Venus her / sie zu bekehren / vergebens /
vergebens ihr Sohn hinter Dionys / vergebens
Gereon hinter Caesar / Hohnlachen / wer an Kanälen
lauscht / kann es hören
Der dunklen Mutter / durch Geschichte / nicht gebessert /
steht Schmutz / gut zu Gesicht / in Labyrinthen /
unter der Stadt / verkuppelt sie die Madonna /
an Dionys / versöhnt den Sohn mit Venus / zwingt
Gereon und Caesar / zur Großen Koalition / sich selbst
verkuppelt sie / an alle die guter Münze sind«

                              – Wörter also
aus der Region, der Geschichte, dem sogenannten
Leben des Geistes;
            Anarchie unter Pflaster, abendländischer
Klüngel, Unzucht der Religionen,
Puffmutter Stadt
        – nichts für Lesebücher
Nordrhein-Westfalens;
                im Selbstgespräch kämpft
das Gedicht
        gegen die Stummheit der Einzelnen und
das Vergessen der Mehrheit
            – Straßennamen,
auf rechtsrheinischen Äckern zwischen Merheim und Brück,
sanieren die Namen der Poesie: Bennstraße,
Bergengruenstraße, Bindingstraße, Claudelweg –
                                Straßen
machen selber ihre Poesie
        – STRASSEN WIE DIESE:
»durch Straßen wie diese führte mein Schulweg . . .«
»vielleicht wird nur in Straßen wie diesen gelebt . . .«
»Straßen wie diese bilden sich nicht mehr neu . . .«:
das Beispiel *Unter Krahnenbäumen*
                    (Fotos
von Chargesheimer; Gott hab ihn selig. Nachwort
von Böll)
    im Eigelstein-Viertel, so
wie es war, und bleibt es?
                (ich weiß und saniere es nicht)
mit Knollennasen und schielenden Augen, den
schärfsten Busen der Altstadt, Eros-Zentren
im Gebüsch der letzten Ruinen und
flatternden Nonnen im Dunst der Reibekuchen und Fritten;
die Welt unserer Wirte; das Pflasterrasseln
überm römischen Gebein; die schwarzen Kolonnen
des Regens; Schlaflosigkeit und die Amsel,
morgens um fünf,
        in unserer Machabäerstraße –
Lokal-Zeit; lokales Geschehen mit dicken Leuten, die
um die Ecke herum schon keiner mehr kennt, und weiter

leben allein noch im Gedächtnis
                    von Wörtern und Bildern;
den Rest erledigt die Stadt-Autobahn.
                    Und so
geht das weiter, denn was die befreienden Amis
nicht schafften bis 45 im März, das schafft
die Sanierung; die Wut
der Stadtplanung auf Stadt,
                    die unausrottbar
geblieben ist
          und grau verschwindet
zwischen Kredit und Profit: das Bau-System
der neuen Zerstörung.
                    Nun Zukunft: der nächste Krieg,
Chemie, der Wind –
               Objekt zum Beispiel
in der Dom-Umgebung, die vollgekotzt ist
mit Beton; ein Platz für die Platzangst,
ein Terror der Öde, des windigen Nichts;
kein Schäufelchen, kein Museum: die nächsten Archäologen
brauchen da nur Dynamit
                    – an dieser Stadt
ist nichts mehr zu beschreiben, nur
                         abhauen hier –
so wären wir fertig und könnten nun gehen,
                                   aber
wir sind es nicht
          und gehen auch nicht, stur
loben wir weiter Vaters und Mutters schmutzige Stadt,
wo die Seele haust der höflichen Anarchie,
die grinsende Demut, der heulende Frohsinn,
besoffen und fromm der Bruder Unbekannt –
                                   wie
kann man hier leben, fragen die nordpreußischen Freunde,
und das Problem ist, daß hier auf alle Fälle
erst einmal gelebt wird,
               im Schatten
romanischer Hügel und des neogotischen Gebirges,
des Heiligen WDR, der heidnischen Skyline –
                              »Heimat

und keine«; »halbwegs zu Hause«: liest du
im *Buch der Zeit der Ruinen;*
                              nun häng
nicht so herum –
             ja; und »hier
fängt der Schnapstrinkerrhein an«, sagt und weiß
der linksrheinische Kollege,
                      sein »Winterrhein«,
sein »Rhein der Krähen«, sein »Breughel-Rhein«
                                          – ich
sage,
    herunter vom Funkhaus-Dach, umgeben
von der Kölner Bucht, den Bergischen und Vorgebirgs-Hügeln,
unter großem Flugschneisen-Himmel, in der Nähe von Wahn
und nächster Welt, am Ort
                       des Wörter- und Bilder-Programms,
ich sage: Heinrich-Böll-Rhein –
                          und nichts sonst
unten im Dunst, im Husten und Dröhnen,
in dem wir verschwinden;
                      und verschwunden sind
Namen, Gesichter, die man
                       nicht sieht,
die ich nicht nenne
              – so keine Öffentlichkeit
für das, was ein Schmerz ist, ein Dunkel
der Kinderzeit, das Kontinuum meiner Trauer,
ein Riß
     – Abwinken schließlich, und
an den Trost denken
der alten Gräber unten, unter der Stadt –

V

Eine Zeit in Berlin

Zwischen den Autobussen
                    (aber
es ist ein Foto von drei Autobussen,
eine Haltestelle der BVG)
                        steht
ein Mädchen
        (und
es ist das Foto von einem Mädchen,
das zwischen den Autobussen steht
an einer Haltestelle der BVG),
                            und
es ist ein grobkörniger Tag
                        (ein
graues Foto)
            in den sechziger Jahren,
über die wir jetzt sprechen, über
etwas
    (du sprachst von der Resignation;
ich sprach von der Neuen Einsicht)
                                auf
einem Foto,
        das in der Zukunft
zwischen den Fotos
                aus anderen Zeiten
an meiner Wand hängt.

Nichts wegwerfen

Stadtbahn-Tickets, alte, in der Hosentasche,
dazu noch Rabatt-Marken von Bolle
und ein leeres Streichholz-Heft aus Toronto,
das half ja schon weiter, heute, als
die Erinnerung an Beweisen was wollte.

Bezirk Tiergarten

Der Wind hat aufgehört; aufgehört hat
das Geräusch der Maschinenpistole; ruhig
steht wieder der Park; ruhig wieder
liegt das Wasser im Kanal.

You are leaving the American sector
(In memoriam Wolfgang Maier)

Zwei Männer auf einem Waldweg; nun
steigen sie über den Zaun
ins Niemandsland, und hier
ist es mucksmäuschenstill, denn
man hört auch das Gras nicht,
das sich aufrichtet, nachdem
die Streife vorbeigefahren ist.

Selbstgespräch

Spree-Brücke, Kinder; Drachen
über der Spree, und
es dämmert; die Abendflüge
nach Westen; näher
der Herbst, so klirren
die Pappeln. Am Ufer,
ein Mann, im Selbstgespräch
hin und her, so
wird es nicht still.

Generations-Gedicht

Horoskop und Kalender; noch weiß ich nichts
von der kommenden Woche
                       – aber, Krisenhaftes
ist angesagt; die Steuer für das Dritte Quartal;
Vergrößerung meiner Foto-Szenen, und weiter,
nach Halbzeit, die Medaillen-Hoffnungen
unseres westlichen Landes
                       – heute in der Horizontale:
die Wirkung von Weißherbst und Armagnac. Als
die Sonne aufging über den Pappeln im Grunewald,
setzten wir, schief, unsere Hüte auf,
                       und Stille, bis
auf das Klicken der Kleinbild-Kameras, nein, noch
ein alter Miles Davis (und in der Erinnerung
an den großen Sommer von 59) noch einmal
die Summertime-Nummer; wogend, das Echo
der französischen Hörner –
                       und weiter, am Telefon,
heute, über die rasende Zeit und die kommende Woche
mit alten Wochenschau-Kopien für die Akademie;
das Zeichensystem der Geschichte
                       – im Fernsehen, nun,
New Orleans, und noch einmal, frisch aus
New York, New York,
                       vom Schaubuden-Namensvetter
(mit ae, versteht sich)
                       noch einmal
die Fünfziger, Sechziger Jahre: Summertime,
Pat Boone und Tennessee Williams (»ja, wenn
er nett ist, ist er riesig nett, und wenn
er gar nicht nett ist, ist er schrecklich«)
                       – wirklich:
die Straßenbahn mit dem Namen Sehnsucht, und
»es geht aufwärts«; wir sahen: sehr, sehr nett
war Tennessee Williams
                       (»jeder von uns hat
seinen Platz, man sollte uns nicht vergleichen«);

so, dieser Sonntag
             (3. September. Im Krieg
mit England und Frankreich vor 33 Jahren) –
                                        und
daß ich älter bin, das sagtet ihr, als
ich erzählte, vom Krieg undsofort, letzte Nacht.

Berlin–London

Irrtum ziemlich viel; die Jahreszeiten
stimmen noch. Laub. Also
November. November
zwischen Tiergarten und Kensington Gardens;
nutzloser Sommer. Nun auch schon
Schnee, der erste verschwindende Schnee, und
ich bleibe nicht, wo ich bin. Möwen
wieder, bleiben den Winter,
Unruhe über der ruhigen Spree. Wer
sprang zuletzt, Sog der Verzweiflung,
nein, Sonne wieder im Gesicht, und
Zärtliches, der Nachmittag. Vergleiche
der Stimmung. Wind. Stundenweise
wechselt der Anteil der Schatten, da,
wechselnde Landschaft, im Kopf und dahinten,
Räumung des Himmels. Jenseits,
ein Wort für etwas, was ich nicht weiß,
wenn ich sage, jenseits
des Irrtums, des Schattens, des Winds.
Noch im November. Es stimmt,
was man sieht, es stimmt nicht,
zum Nutzen der Hoffnung, und
man sieht nicht die Hoffnung,
den Schwindel, aber den Schnee
nun, da unten, verschwindend.

Shakespeare's Land

Landschaft zum Spielen; aber
wir spielen nicht; was ist,
fragen wir, mit der Belletristik.
Schafe auf den Hügeln, und Bagger
bewegen die Hügel; es ist
der Gemeinsame Markt. Später
die Ruhe des fließenden Mondes, und
wie der Luftkrieg anfing, denke ich,
Coventry nachts in der Nähe.

Dublin in Bloomtime

Diese wilden Gesichter
über dem still liegenden Fluß.
Nun verschwindet die Meute
mit dem geklauten Hut.
Dümpelnd zum Meer
bewegen sich grüne Flaschen hin.
Nachts mit gelb gewordenen Photos
kommt die Zeit mit Bloom.

Gedicht für einen Satz im Konjunktiv

Flugzeug-Hangars, ein Zimmer in Chelsea,
Zeichnungen von Malcolm Morley;
an diesem Montagmorgen
Dinge in der Phantasie;
Zwiebelmuster-Tassen
in der schrägen Sonne, der Tisch;
Verben wie:
vermuten, tasten, entdecken, verlieren;
das Ereignis der Zeitung,
die Kammermusik;
die Suche nach einem Roman-Titel
von Sinclair Lewis (»Babbit«);
verleugnen, die verleugnete Anwesenheit
zugunsten der Ausführung einer Idee,
Neubesetzungen an der Spitze
der Herrschaft der Wünsche;
schön könnte nun dieser Tag sein,
ohne Drohungen in Glückes Namen,
blitzend die Zweige

In ein Gedächtnis-Buch für Günter Eich

– im Hansa-Viertel zuletzt; Tage in der Akademie; Spree-Enten
noch über dem Englischen Garten.
                        Vor diesem Abflug,
dem Abschied,
            zwischen Eigelb und gelber Frühstücksmarmelade
schnell sprechend
                    (». . . nutzlos Gedichte . . . wozu und frage nicht m‹
danach . . . Sie denken ja doch anders . . .«)
                                  am Tisch (: am Ort, zuv
von Samuel Beckett: täglich, vor den Proben; einmal zusammengefa
die Zeitung: »Die üblichen Katastrophen.«),
                                und im summenden ‹
eine Stimme, die zur Reise nach Tempelhof rief
                                – immer
erst später die Bestimmbarkeit der Momente; Zusammenhänge, un‹
was sie bedeuten.
               Was bedeutete denn ein Gespräch
über Lederjacken, in der Pulvermühle im Herbst 67, als
der fränkische Wein die Erinnerung produzierte an den Herbst 6
den Auftritt mit Lederjacke, die Lesungen in der Klettenbergstraße
in Frankfurt
         (Die Sätze verschmolzen die Jahre in einem Haus
unter dem Rauschen wirklicher Pappeln / wo einmal rauschte
im Radio das Radio-Geräusch einer Brandung / und hier
das neue Verlassensein jetzt)
                    – in einem Regen
(in einem Wörter-Bild des Regens)
                          erheben sich
die alten Metaphern, die Nachrichten des Bewußtseins,
                                  (aber
»in der Sprache, von welcher ich glaubte,
niemand kenne sie außer mir –«)
                          – soviel, sowenig
zum Gedächtnis. Und das Wirkliche kommt wieder, beweist sich
in der Leopoldstraße zuletzt
                        (»An verschiedenen Tagen gesehen,
die Pappeln der Leopoldstraße«),

                        Tage in München, keine Enten
dort über dem Englischen Garten, aber Geräusche noch
aus den Pappeln
            bis zu den Pappeln der rheinischen Bucht –

VI

Gegend mit Stadtautobahn

damals, die Amsel in der Machabäerstraße
morgens um fünf, und
die lebendigen Ruinen der Altstadt,
ein Regen, grau wie der Mai jetzt

Bildbeschreibung

Das Bild einer Bucht, und die Bucht
ist gewesen, leer, und sanft,
an den Rändern. Der Name sagt
nichts mehr; es gibt keinen Namen,
und das Bild ist erfunden,
unbeschreibbar, wie all das hier herum.

Anfang Mai

jetzt, was ich fühle, vergleiche ich mit den Gefühlen
der Leute in meiner Straße, aber ich weiß
nichts davon
        – so, wiederum, eine Fiktion.
Nun willst du nach Rhodos. Ich will nicht, will
was –
    die Vororte hier
haben mich zum Regionalisten gemacht. Die Leute
stehen in ihren Gärten; Gesetzlicher Feiertag. Wind
in den Blüten. Mit Kleinkalibern übt
man in der Nachbarschaft
                – ich arbeite. Warum nicht
Hongkong? Sieh mal; mehr Möglichkeiten
in meinem weißen Landkarten-Zimmer, und jetzt,
im Fenster, Einflugschneise –
                  was ich fühle, was
die Gefühle der Leute sind, frag doch
                    im Reisebüro,
und abends, der Bildschirm. Bilder in meinem Kopf,
Vergleiche –
      vergleiche nicht; du hast nichts davon.

Zukunft

– weniger Kirschen: soviel, bislang, wissen wir
über den kommenden Sommer, und weil
eine Reise nicht stattfinden wird,
ein Film-Projekt scheitert, kommt zur Ungewißheit
die Gewißheit hinzu, daß es nicht
unsre Bedingungen sind, nach denen
dieser Sommer beschreibbar wird; so greifen wir
auf Konserven zurück, betrachten wir
Karten und legen alte Photos frei; nichts
wird man wissen, wie wir jetzt lebten –

Gedicht, sehr früh

In der Frühe um fünf weckt mich
das Geräusch eines einzelnen, kreisenden Flugzeugs;
ich kämpfe noch, an den Rändern
des Schlafs, um den Rest eines Traums;
kreischend die Vögel, ehe zu dröhnen
beginnt mein vollbeschäftigtes Land;
fürchterlich wird der Sommer, glücklich die Nachbarn
auf Grundstücken in der Nähe der Autobahn;
resigniert haben einige, vorbei sei
die schönste Zeit, und das zählt nicht;
gestern abend hörte ich sprechen Leute
in Gärten, Geräusche des Alterns;
vor vielen Jahren erfand ich nach jeder Täuschung
die nächste, dann wußte ich mehr;
so fängt der Tag an, die Volkswagen schnarren,
Wirkliches mit der Zeitung, anderswo noch Schnee.

Provinz

Flüge und Flugnummern
                        – nein, Wörter
fallen mir ein: Braniff zum Beispiel,
Delta, Western, United
                        – es sind aber
nur Geräusche, im Wind
                        (plötzlich,
im wechselnden Wind), und plötzlich
Pisten im Mittleren Westen
                        – nein,
Ansichtskarten an der Wand, und
im Wind Geräusche
                        (Flughafen Wahn),
krachende Äste im Rasenmäher,
Gerumpel auf der B 55; es raschelt
zwischen Stangenbohnen und Rhabarber.

Nachmittag im August

Schwieriger Wohnen; Absatzsorgen; Geruch
der Krise im Haus
           – in der Verzweiflung
ein Gedicht; danach,
danach sind auch die Wörter weg;
                         Stimmen,
da sind aber Stimmen
                – Nachmittagsprogramm.
Ein Fahrrad, das älteste Fahrrad
hilft weiter;
ein Maisfeld ist in der Nähe,
in der Nähe ist eine Kindheit in Gärten,
das mögliche Grab.
              Gurken, Hölzer:
Geruch von etwas Verlorenem;
                      August 46,
Lausitz und Grab.

Neue Sachlichkeit

Bahnübergang; es ist der Moment,
in dem sich die Bahnschranke schließt,
ein Lastwagen und drei Leute –
                            es ist
1926;
     Bahnwärter, Bahnwärterhäuschen.
Königsberg kenne ich nicht; es ist,
was ist
     Königsberg –
            zwei Häuserfronten,
Straße, zwei Pappeln. Die Vergangenheit
eines Bildes,
        nein, nicht eines Bildes.
Der Maler lebt nicht mehr (der Maler
Bernhard Klein).
          Was ist
mit den Leuten (mit Leuten,
die ich nicht kenne)
             – nein, dies ist
das Bild,
     und es gibt nicht die Schranke,
Königsberg, Straße, Pappeln und Leute.

Wörter im Sommer

Super-Sommer; hoffnungslos
ist das Wetter jedenfalls nicht mehr, und
immer frischer Glanz,
 jedenfalls (und Pappeln
rascheln im See-Wind, denn dieser Wind jetzt
ist immer,
 nein, nicht immer, jetzt aber,
See-Wind) auf den Pappeln, den Reihen
am Horizont in der Kölner Bucht.
 Früher
sagten wir: Sommerfrische –
 und die Endlosigkeit
war ein Zustand im August: Große
Ferien; im Meer der Weizenfelder. Nun
muß ich sagen, was Garben sind; die ganz Neue
Generation kennt nicht mehr (es gibt
nicht mehr) Garben; minutenlang dauert
der Dreizehnte August.
 Berittene plötzlich
(Kornspringer, Reiterverein e.V.) im Staub
und Galopp über ein gelbes und leeres,
rechtsrheinisches Feld, und diese Wahrnehmung,
sonntags,
 verändert den Sonntag. Schatten
der wirklichen Wolken wandern über das Feld,
nein, über die Einflugschneise, und
 Ibiza
ist in der Nähe, ist in der Nähe
von Wahn. Ein Zeppelin, Zeppelin war
ein Wort
 aus den Dreißiger Jahren, und
Feldflughafen war das Feld.
 Nun wieder,
(weiter im Sommer)
 Berlin, die Bundesliga,
der Giftmüll, die Giftmüll-Lawine,
das Mofa für die Untersekunda

                              – bald,
nein, bald ist nichts. Endlosigkeit
und Minuten
            (bald ist verschwunden
die Ortschaft Knapsack),
                         ältere Wörter
für etwas im Sommer; gestern war Sommer.

Gedicht mit Fragen

Wespen herrschen; Katzenfutter und Marmelade,
Pflaumenkuchen, die Haut, Gartenleben und
Strand
    – völlig vereinnahmt; dies ist
ein Sommer der Wespen.
                    Und nichts
wird erklärt; da will nur einer (indem
er sagt, so war es immer)
                    mich trösten, fein
(ein Beispiel, die Wenigen, die wirklich, »so
war's immer«, die Entscheidenden sind)
                            – wo
kommen jetzt die Wespen her? und plötzlich
die Schmerzen im Rücken?
                  Alles heute ist
Einflugschneise; der Vorort läßt
die Läden runter; nein, die Mittagshitze; das
pumpende Herz; die Wespen dröhnen.
                        Kommt
jetzt (»denn Wirtschaft ist unser Schicksal«)
ein konventioneller Krieg?
                   Einst ein Wort
im August, das Wort
            Mobilmachung; und
ich erkläre dir (tröstend) Geschichte; der Trost
der unwiederholbaren Geschichte.
                  Aber,
wir zweifeln, endgültig, am Gold; was soll
(verzweifelt) uns Gold –
             Sieh mal, dies
ist ein Gartenbild; und dies die weißen
Gartenmöbel im Stil der Dreißiger Jahre; so
sah ein Opel P4 aus; und dieser
Bauherr wußte von nichts –
              Regen? abends,
heute, ein Regen? (»es sind zu Wenige,
die entscheiden«)

　　　　　　Der Nachmittag dehnt sich;
mehr Wespen (tröstend, es ist eine Krise
des Systems,
　　　　　　oder, beweisend, der Beweis
einer Theorie); und endlich, wir leben
gefährlich
　　　　　　(erklärbar, in diesem Sommer)
mit Pflaumenkuchen, in alten Gärten.

Gedicht im Wind

Jahre; das sind die faulenden Mauern
im Fachwerk
           – aber, das ist Fachwerk; das Dorf,
die Dörfer sind weg; Leverkusen
auf allen Hügeln; auf allen Hügeln
Los Angeles –
           im Wind. Es sind die Geräusche
der Produktion
           (»Die Pappeln am Bauernhof
werden nicht still«, im Kriegstagebuch 39 von
Hartlaub. September)
           im Wind. Birnen
rasseln; das harte, das alte Gras, unten,
macht keinen Unterschied; die Birnen,
die faulenden Birnen sind weg
           – und
keinen Unterschied macht jetzt der Nebel,
(»was heißt hier
           Nebel«) unten. Wir
husten. Alle in der Bucht. Bucht
           im Wind
der Chemie; hier,
           auf den Hügeln,
sage ich, hier auf den Hügeln,
Beverly Hills –
           Jahre; das sind
die alten Sprachen im Kopf; im Koffer, noch,
die alten Karten
           (California); die Karten da
an der Wand
           – und da die Dörfer sind weg.
Dörfer auf Karten. Leverkusen
(Carl Leverkus) seit 1930.
           Chemie. Der
Nebel. Älter ist dies Fachwerk
           (Fäulnis,
Chemie); alternd, im Wind.

VII

»Tage auf dem Land«

– zerrieben, noch nicht, ist das Gedächtnis. Ich habe mich
aufs Land fahren lassen. Sehr spät, auf dem Land, trifft
die Post ein; so passierte am Vormittag nichts; nichts
half mir weiter.
                Ein Hügel (vorgestern Wald / die rasende Zeit)
voll von ... was wir einst »Trümmerblumen« nannten (du
weißt, die zertrümmerte Stadt, und ich habe den wirklichen
Namen vergessen, aber du weißt, dieser Trotz der Natur, sehr
lila, schießend über Ruinen, im frühen Sommer),
                                                      ah, ein
Gesumm, auf diesem runden Busen von Feld, also Bienen,
so etwas wie Bienen
                      (und lächerlich, in diesem Moment saust
ein Starfighter tief über den, über die Hügel), Massen
Gesumm, oder, nein, unten im Tal die Bundesstraße,
nein, es ist eine Widerstreit der Geräusche; ich weiß nicht,
ob ich hier leben kann / erinnere dich: es fing an,
dieses Problem, genau vor zehn Jahren, als damals das Heu
roch, der Wald stand. Nun kaufe ich, spät am Nachmittag,
die Zeitung vom vergangenen Tag; und so verging
der erste Tag –

Nachts; eine Landstraße noch mit Apfelbäumen gesäumt, das
schwere überbordende Gras; hinter der Biegung, hinter dem Hügel
ragt der Schornstein der alten Apfelkraut-Fabrik –
                                                und keine
alte Erinnerung beschreibe ich (weil bestimmte Dinge und Menschen
wie »der letzte Leuchtturmwärter« verschwunden sind); unten,
in der rheinischen Bucht, glitzert die Chemie. Und gelb,
wenn er Farbe hätte, wäre wieder der Wind ...
                                          wie er festhängt,
hinter der nächsten Biegung, in der rauschenden Baumgruppe
                                                    (ob es,

fragt Wittgenstein nun, einen Sinn hat, auf eine Baumgruppe
zu zeigen und zu fragen:
»Verstehst du, was diese Baumgruppe sagt?«
                                              Und weiter:
diese Anordnung von Bäumen, könnte man nicht
                                  einen Sinn
damit ausdrücken; könnte das nicht
                                  eine Geheimsprache
sein?) –
    ja, das Gespräch der Bäume, das uns ausschließt,
dem ich nachgegangen bin seit der ersten Nacht
                                      der Wörter
im Birnbaum, als ich saß im System einer Verständigung,
die mir das Bewußtsein öffnete
                                      und
mich Dingen, Vorgängen, Gedanken wieder näherte. Aber
die Menschen in der Umgebung, für eine Zeit lang, wurden
langsam fremder, bis ich, älter werdend, langsam
wieder verstand und ihnen ähnlicher wurde.
                                    (Kann man
Sätze die Baumgruppen nennen, »die man versteht, aber
auch andere, die man nicht versteht, wenn man annimmt,
daß der Pflanzer sie verstanden habe«?)

Zwei Meter spuckte er weit. Es gelang ihm, so oft er versuchte,
etwas loszuwerden, ohne die zerkauten Wörter zu benutzen.
Der Mann wankte irgendwie heimwärts, unter dem Summen
der Telegraphenmasten her
                        – und am anderen Morgen
dröhnte mein Kopf; was war denn gewesen (das Suchen
in der Nacht) –
                : denn unfähig war ich gewesen,
zu sitzen und sitzen zu bleiben, die lautlosen Kämpfe
zu betrachten auf dem Bildschirm im Kopf; dann
suchte ich einen abgerissenen Faden und fand
das Bild einer Spinne, die ihr Werk fortsetzt, zum Nutzen
ihres veränderbaren Systems.
                        Jetzt, in der Mittagshitze,
könnten wir vielleicht schlafen . . .

Hier stehen die Türen offen, tagsüber und abends;
vorbeigehend sehe ich das Einerlei, die Vielfalt
der Flure und Küchen; Frauen mit Lockenwicklern und Schürzen;
es fehlte noch, daß sie singen; dagegen hilft
der Kassetten-Recorder. Später in zerbeulten Limousinen
kehren die Männer heim; Bierkästen klirren, und
die Hunde beruhigen sich.
        Einige dieser Leute
sind Nachkommen derer, die mit ihrem Vieh in die Wälder
liefen, wenn plündernd Freiheitsheere nahten; einige
plünderten selber, machten mit Geiseln kurzen Prozeß.
Selten schreien jetzt Frauen; sie haben gelernt,
zurückzuschlagen, oder sie schlagen zuerst; verständnisvoll
warten die Kinder den wiederkehrenden Frieden ab; Holunder
im Vorgarten, den wir sammelten im Krieg; Huflattich,
Heilkraut, Besuche im Lazarett an schulfreien Tagen –

Die dehnende Kraft der Hitze; die statischen Formen des Nachmittags;
zusehends verliert der Wind seine Macht.
          Abgefunden, nicht
abgefunden haben wir uns mit der Seltenheit des Sommers;
es gilt nicht, daß der Import von ganzjährigem Glück
das Bedürfnis aufhebt nach dem kurzen Erleben
der fliegenden Gräser, der blinkenden Erscheinungen, der plötzlichen
Stille im heißen Feld
     – die Furcht im Gewitter
              war nicht vergleichbar
mit der Furcht im fernen Trommelfeuer (ich liebte und brauchte
Gewitter),
    und selten kamen Hitze-Verbrechen vor.
                So siehst du:
gegen den Sommer spricht nicht, daß die Bilder der Ähre,
der Sichel, verdorben sind; und kein Einwand
gegen die Hitze ist die Bedrohung des Wassers
              – Zwänge,
Zement und Profit: wir vergehen eher daran
als an der Vermehrung der Heuschrecken, Käfer und Vipern,
den alten idyllischen Feinden
        (und ich weiß kein Gedicht
mit zeichenzerstörendem Inhalt,

das einen chemischen Vorgang mit Folgen verhindert) (von der Wirku
in Köpfen weiß ich nicht mehr, aber
Wirkungen gibt es, zwangsläufig, ohne Freiheit noch lange
zu kennen, etwas zu wählen . . .) –

Melonen, Brot, Käse, Kartoffeln, was ich kaufte, liegt
nun verschimmelt; ich packe das Zeug weg
                                        und denke,
die Strafe wird kommen
                     (so, in der Kindheit, lebten wir
in der *Sünde,* wenn eine Schnitte Brot verdarb,
und aus den Zusammenhängen der *Schuld*
kamst du nicht mehr heraus. Daß wir nun anders
leben: der Fortschritt des Vergessens)
                                 – einen Tag lang
bummelte ich herum. Die Angst, zu verhungern,
ist geblieben.

Plastisches in der Abendsonne; abends diese Sonne
setzt Kanten, bildet die Buchten heraus; es gibt wieder
Unterschiede / komm doch
und zähle die Möglichkeiten des Grüns; was ist
mit deinen schwierigen Augen . . .
                              Mit diesem Licht
leben.
    (Arbeiten mit diesem Licht,
     sagte Renate, die Fotografin)
                                – Der Wald, gegenüber,
der Wald bildet jetzt eine Küste; mit einem anderen Land
in der Nähe werden die Flucht-Gedanken erträglich; aber
es ist ja sehr ruhig heute,
                 so kann man atmen,
das müßtest du (anderswo) spüren –

Sagt Majakowskij: »Zur Herstellung
               eines poetischen Erzeugnisses
               ist Veränderung
               des Ortes oder der Zeit
               erforderlich.«
                             – Die junge Frau

im Haus nebenan steht morgens um vier auf. Irgendwen
findet sie auf der Straße, der sie zur Arbeit mitnimmt;
Großdruckerei; acht Mark die Stunde. Der Tag ist ein Tag
an der Maschine
           (»heute habe ich fast geschrieen, wie einer
mit dem Ärmel zwischen den Walzen hing«). Die Hitze;
die Klimaanlage geht nicht. Abends läuft sie barfuß
herum, trinkt Wein
          und schreibt Geschichten
für ihren Sohn, zeichnet Äpfel und Gräser
                          (»aber ich kann
mich nicht zwingen, nichts fällt mir ein, ich muß was
erleben, oder ich denke mir alles aus, wenn's klappt, mach'
ich vielleicht was anderes mal«).
                     Geschichten
von Peter auf dem Lande; in einem Schulheft, und
die letzte Geschichte hört mittendrin auf,
nichts mehr seit Wochen
           (»ich muß mal wieder
woanders hin«) –

Meerschweinchen pfeifen: so verschwinden die Ratten, weil
dieses Pfeifen ihrem Todesschrei gleicht
                     – nachahmenswert
sind Geräusche, aus denen der Feind sein Ende
heraushört
        – wir hätten vor unseren Kämpfen nicht rüsten,
sondern die Stimmbänder trainieren sollen, Geräte erfinden,
die den Schlachtenlärm simulieren?
                  Warum, überhaupt,
gibt es Feinde; kann ich der Feind sein –
                           Ich kann es.
Ich werde dazu gemacht.
          (Und folgenlos bleibt es, daß ich
mein Feind bin und kämpfe gegen meine Wut, meine Angst,
mein Mißtrauen, meine Eifersucht ... etc.)
Etwas geschieht jetzt, in der Nähe wahrscheinlich; ich weiß
nichts davon ...
        Gestern, nachmittags, las ich im Garten;
den Hubschrauber sah ich ...

                        ein Hubschrauber, dachte ich
und sonst nichts . . .
                        Heute lese ich in der Zeitung:
Schwerer Unfall, Hubschrauber rettet Verletzte . . .
                                                Alles passiert
gleich hinter den Wäldern; pausenlos Düsenjäger heute . . .

– »was machst du denn, Tage auf dem Land« – wir standen
zwischen den dampfenden Leuten auf dem Empfang, den deine Gale
im Namen Goethes gab, und meine Verwirrung fiel weiter nicht a
alle waren mit der Hitze beschäftigt und stöhnten über die Stadt,
uns ging es nicht anders
                        – aber ich dachte noch an die Enttäuschur
im neuen italienischen Restaurant,
in der plötzlichen Fremde unserer touristisch eingerichteten Altsta
wir wunderten uns, verlegen
                . . . die Via Catania, Campo Fiori, F
                        nando
und die Abende mit Ingeborg fielen uns ein
                                        (ich würde nie mehr
zuende schreiben mein
                Fragment aus Rom);
                                        auch der hübsche Kell
entschuldigte sich: Spaghetti, »aldente«, würden hier zurückgewiese
als »rohe«; der Koch, aus Neapel, sei schon ganz verzweifelt, nichts
verstünde man hier von Spaghetti; Trost mit Sambucca,
»con les mosce«
                – »wie ging's denn beim Rotterdam-Festival, nei
Amsterdam, oder nein doch, in Rotterdam« –
                                        einzeln schob uns
mit Namen Hein Stünke, vor, und der lokale Reigen schien schon
                                                        lau
als Rune und endlich Wibke erschienen / noch immer (später
sagtest du, wie es dir aufgefallen war) spürte ich auch
die Unsicherheit am Steuer; ich steuerte wie ein Bauer draußen,
sonntags sich mal in die Stadt traut.
                        Fremd meine Stadt;
mir fiel auch nichts ein zur Erklärung, was den Herrschaften zwisc
Kalkutta und Glasgow hätte erinnerlich bleiben können (bloß
immer der alte Witz in der Hitze:

Rom
fängt schon immer hier an
am Rhein . . .)   – vielleicht
hätte es lustig sein können wie sonst in der Ehrenstraße
»beim Spatz und der Katze«, aber wir spürten etwas
von Ringas einsamen Schmerzen
                    – »und was machst du nun,
Tage auf dem Land« –
         (und Fabri, zum Abschied:
wo alle schreiben . . . was werde denn *wirklich* geschrieben?).
»Bißchen viel Menschen hier.«
                 Und ich hatte mich nicht betrunken,
um *etwas anderes* zu empfinden
                 – schon lange lebte ich
entfernter, und ich wollte nichts mehr –

Mischungen: Gespräche, Erinnerungen, Rhythmen, Bilder, Laute;
am Horizont eine Vorstellung; die Fehlbarkeiten
der Theorie.
       »Bilde dir nichts ein, sondern äußere dich.«
Die Seltenheit seltener Wörter.
Eine Anhäufung schlechten Gewissens.
Schweigen ein Privileg.
            Wenn ich ein Baum bin,
warte ich auf den Wind, der erst zum Reden mich bringt.
Atmen –
Husten –
Der Vorgang des Ausgrabens in der Biographie.
                         »Aber
wem erzählst du das alles?«
               »Muß ich das wissen
im voraus?«
       »Im voraus oder nicht, du bist eben kein
Baum, kein Feuerschiff, kein treibender Ballon.«

»Wir müssen Spiegel sein . . .«, sagte Flaubert.
»Wir müssen nicht nur Spiegel sein . . .«, sagte Brecht.

Die Hasen rennen nicht weg, wenn ich komme. Die Herren
waren sauer und zahlten, als sie merkten, daß

der plötzliche Schnaps ihrer schönen Frauen wegen
gekommen war. Ja, meinte der Nachbar am Tresen, wie
macht man sich denn noch verständlich –
        da hockte ich,
tagelang stumm, an der Juke-Box, und das Problem
mit dem Schnaps war nun das Problem
der Verständigung
    –»wenn ich was trinke, kann ich auch
was sagen« –
    weiter am Tresen: da habe sein Freund
einsam Urlaub machen wollen, irgendwo in, vergessen,
kanadischer Wald, Blockhaus, und er habe da nicht reden
können, stumme Leute, nur mit dem Hund, nie mehr, niemals
einsam Urlaub –
  »he, nun erzählen Sie auch mal was,
Sie wollen wohl immer nur was hören«
        – später, alle
brüllten die Marschlieder mit aus der Juke-Box. Auch
die Großväter hätten hier schon gesungen; nur
die Großmütter hätten zu Hause gehockt; und die Kinder
zu Hause beim Sonnenuntergang, ganz wie die Vögel ...

Nachts, krachend diese Insekten, ans Fenster
und in der Lampe, fallend auf mein Schreibpapier –
ich habe auf der Langen Welle einen Geheimnis-Sender
entdeckt: die Stimme einer Frau, leblos, ortlos
wie ein Satellit, endlos Zahlenreihen produzierend,
sinnlose Kombinationen
    – aber einen Ort, einen Sinn
muß es geben; die Sprecherin lebt, irgendwann
geht sie schlafen, und Jemand
wird das Geheimnis wissen und wieder vermitteln;
           Nächte
mit Zeichen; und die Reaktionen der Insekten,
die mir einfach erscheinen, weil ich nicht nachdenke
über den Fall.

Ansichtskarten kommen jetzt. Der Zwang, in die Ferien zu fahr⸗
entvölkert die Ballungs-Räume
      (»leicht hast du reden, du

gehst, wann du willst, aufs Land.«
»Sie arbeiten, wie, wir denken,
Sie machen Urlaub hier oben.«)
– aber die Ruhe täuscht; nun
nahen Wohnwagen-Konvois mit Autonummern der EWG.
So sieht man neue Gesichter; die Wagen-Modelle
bleiben die gleichen –
und ganz nach Programm
werde ich reagieren: regelrecht neidisch,
vor soviel Bräune und hell gewordenen Haaren –

See-Bilder als Erinnerung,
Ersatz-Bilder einst, als
die Motive der Flucht entstanden, Fiktionen des Exils
im Hinblick auf Küsten
(»Die Küsten des Exils«).
Liegengelassenes Manuskript / ein unbewußtes Kontinuum.
Damals war es aber ein Juni, in dem die Schrebergärten
in den Farben der Tiefsee versanken;
so jedenfalls erschien mir
eine Umgebung, die ihre Unwirklichkeiten
verkleidet
hielt, hinter den Schirmen der Pappeln, im Geräuschraum
des grünen Regens
– geblieben ist, verlassen, verändert
diese Umgebung
des Schmerzes; der Trost
der Entfernung: keine Rede davon –

Die neuen Krankheiten der Bäume; Ratlosigkeit
nicht lange:
Streusalz, Benzin, Gift in den Laugen;
die Bürger, denen die Gärten genommen sind
(Ortsdurchfahrt
und Freizeit-Zentren), kommen mit Gießkannen, Hacken,
die Arbeit sieht aus wie Arbeit an Gräbern
(und der Verlust
ihrer winzigen Paradiese läßt sie nicht resignieren, wo
sie Denkmäler gießen, die braune Färbung des Sterbens
nichts mindert)

             – die Ampeln grüßen
mit ihrem wiederkehrenden Grün.

– nun schaut sie noch einmal an: die Mühle; Modell
des Familienbesitzes
              (mein Vater, mein Sohn entdeckten sie
im Schalterraum der Kreissparkasse / im Dorf der Familie
fanden wir die neuesten Trümmer, Planierungen, Bauvorhaben,
unter denen unkenntlich geworden ist
eine Zuflucht seit Jahrhunderten; und was wir erklärten,
meinem Sohn, waren lauter verschwundene Gegenstände
der Projektion, des Erzählens . . .);
                          ich kannte mich nicht mehr au
Mahlräume, Steine, das oberschlächtige Wasserrad; das Ganze
im reproduzierten Fachwerk
            – Objekt für die Heimatkunde
vor Ort mit gähnenden Aufbau-Klassen / ich fragte
nach der Beschaffenheit, der Zukunft des Originals
im Wirkungsbereich der neuen Kläranlage
                          (im Schatten
der stillen Leimfabrik mit ihren Veränderungen seit 1898,
in der wir, die ganze Verwandtschaft, den Umgang lernten
mit Knochen, Klauen und Haut
                und rochen
                          den Sommer-Geruch
von Leimfleisch, Kalk, Hühnerfutter und sumpfnassem Heu,
und schmeckten
            den süßen Geschmack
des Hautleims, der hartgetrockneten, braunen, scharfen, schimmer
Tafeln,
     in der ich
den ersten Stundenlohn holte nach zerklopften Kohlen,
gewaschenen Häuten, den Nächten der Kesselwache
und Tage im Windkanal
              – Familien-Arbeit; eine Klasse
für sich; die Abhängigkeit von den Fähigkeiten
der eigenen Hände, von Starrsinn und Stolz, von Wunschlosigkeit
und vertrauenden Worten; Verzicht –
                          Struktur-Veränderungen
in der Branche: still ruht nun der Betrieb und verfällt

als ein Beispiel der Dorffamilien-Industrie, die nichts
produzierte als die Dauer ihrer Armut und die Gewißheit
ihres Verschwindens)
                    – also Relikte, von denen die Gegend ziemlich
voll ist, teils Denkmal-Schutz, teils umfunktioniert
als Möbellager und Einkaufs-Zentrum
                                    (»was war das:
eine Loh-Gerberei?«),
                    und Fremdheit umgab uns
zwischen veränderten Gesichtern und Gewohnheiten,
den ausgebauten Beweisen der Kaufkraft und
in der Neuigkeit des Lärms –

» . . . wie nach dem Krieg.«
                            (Becketts Vergleich
betraf einen alten Mantel und Hut)
                                – die alten Sachen
in Mode; die alten Fotos reizen mit der Creation
des Mangels; es waren Röcke
                        aus Hakenkreuz-Fahnen.
Einmachgläser.
Rübenkraut und Pflaumenmus.
                            Verzweifelt
wird ein Kübelwagen-Original gesucht.
                                »Geboren wann?«
»Jahrgang 45.«
            Ein Mann zerhämmerte
im Keller die Orden und Ehrenzeichen; sein Enkel
wirft ihm das heute vor
                    – die Bauern häuften
edles Geschirr und gaben Fallobst dafür; es roch
in den Ställen nach Chesterfield
                            – wieder traf ich
Leute, mit langen Haaren, jünger um eine Epoche, Leere
und Sehnsucht in den Augen –

Glasfarben die Luft. Fluggeräusche.
Durchsichtigkeit; Verbindungen mit einem Nichts.
Täuschungen, fortwährend; denn
es gibt – –
Herstellbare Klarheiten, in der Prosa der Wünsche.

Und nichts mehr innen gesehen,
nach innen gesprochen.
Diese Zukunft für Steine.

Hühner, im Staub, in der Hitze: kein Bild
für die Produktion; und ohne Nutzen sind
die Kinder im Kirschbaum
                         – die Land-Industrie
braucht das Öl; das Öl
mit der Basis des Waffengeschäfts.
                        Glückliche Kühe
ins Pentagon;
         Pfeil und Bogen
wiederentdeckt von den Kindern.
                         Kein Bild paßt
zum anderen; dagegen vermittelt ein Foto-Band
die Komposition der Idylle,
                 und die Ruhe
ist die augenblickliche Ruhe im Wahlkreis; angelnd
sitzt der Minister –

Wo glauben wir das Mißtrauen nicht zu finden, den Krach,
die schlechte Laune, den üblen Mundgeruch, den Profit
und die Parteidisziplin, die Zwänge, Patrouillen,
Fettaugen und die Aktentasche
                    – wohin,
in welche Umgebung denn willst du?
                          Heute bin ich
ganz einverstanden; die rissigen Tomaten
aus unseren Gärten verströmen seit einigen Tagen
ihren Schattengeruch; der Wind
bringt die Aufregungen des Meers mit; abends
leuchten die Hügel.
                Und ich irre mich nicht,
jedenfalls nicht in diesem Moment, der ein Moment
ohne Widerwillen und Schmerz ist,
                         und ich weiß
auch, daß meine friedlichen Fähigkeiten begrenzt sind,
solange,
     bis wir einander stören
und die Freundlichkeit aus dem Gesicht fällt.

Erzähl mir nichts vom Krieg

Zuvor die Jahre

Grübelnd über der Zeitung. Gestern
passierte mir nichts; was passierte denn gestern.
Es regnete hier. Die Schattenbewegung der Blätter
veränderte das Büro. Hier fingen neue
Zahnschmerzen an, und ich entdeckte
sie wieder, die Schönheit der Illusion.
Nichts war genau. Plötzlich dröhnte es
abends, aber kein Lärm in der Nähe.
Warm war das Bier, dann zu kalt, so
verging Zeit. Lieber war ich allein, bis ich
den Hut kniff und ausging. Ruhiger
alter Cool Jazz. Ruhig die Luft. Dann
wollte ich Freunde haben, das waren Namen,
Kontakte, Adressen. Wörter entstanden,
die warfen wir ein und hörten sie ab,
und alte Wörter, das, was wir kannten und
sagten, die Sinnlichkeit. Selten, seltener
Höhepunkt; ich verletzte mich, wenn nachts
sie galten, an den Gesetzen. So schöne
schwedische Gläser für Schnaps. Berühre mich,
wie der Ansager sagte, zärtlich; ich lag, bereit,
daß die Bremse versagte, auf einer Straße.
Ich sah dir nach, beugte mich aus dem Fenster
und erwartete jedes Unglück. Lügen entstanden,
weil die Eifersucht mitkam ins Bett; Flaschen,
Ginflaschen rollten. Bald nutzten sich ab
die ganz neuen Sätze. Schöne Freunde, lovers,
machten sich häßlicher, täglich; ich suchte
nach Pappeln den abendlichen Horizont ab.
Erzähl mir nichts vom Krieg, hörte
ich jemanden sagen, und was er meinte,
war Ruhe, die wollte er haben. Gut so; nicht
gut, du redest zu viel und bist stumm;
ich sage, ich höre das Rauchen auf. Schwül
ist es heute, öde die nächste Frage nach meiner
Klasse. Schlag doch. Ich weiß es jetzt nicht,
dies oder das tun, Radio, Rosen, Sätze

von Mae und Nathanael West; die Fetzen und Flirts
der angelernten Sprachen. Länder an den Wänden,
Tickets in den Jackentaschen, und ich kam, ich
komme zurück. Länder mit Tannen, mit gelb
gebrannten Wiesen, mit gleißenden Wassern,
dort fuhr ich umher und brachte mit
die neue Gewißtheit des möglichen alten
Lebens. Du glaubst nicht; ich glaube nicht
mehr. Und das besagt gar nichts, denn in dieser
dröhnenden Leere, wir leben nicht weiter, nicht
besser, wir leben. Klavierspiel und Gärten. Jahre
mit der Innigkeit der Ruinen. So ausgelaugt wie
jetzt warst du nie; und freundlich geblieben
immer zu allen, fast allen Leuten. Wen
sahst du, wen sehe ich wieder, im Schreck
des Wiedererkennens, noch einmal Leidenschaft,
und plötzlich das Neue: erinnert. Mach und gib
weiter. Verrückt war der Mond, der grüne, du
nicht. Entwürfe vor diesem Jahrzehnt, denn
wir lernten zu fühlen, zu denken, zu machen
wenig, dann nichts. Grübelnd über
verschiedenen Sätzen; das Jahr ging verloren,
ging nicht. Verneine nicht immer, du
weißt doch, die Schönheit, das Wirkliche
behält wieder recht. Wie war das Wetter,
als wir uns umbringen wollten. Selten zuletzt
das Meer in der Nähe, oder ein Kornfeld,
die Kirschen aus unseren Gärten. Gestern
war ein Jahrzehnt, Tage wie nie gewesen.
....
....

So ging es weiter. Ein vergessenes Tonband
mit einer Stimme
                vom Michigan-See. Dort
war es der Winter; im Süden kamen die Mädchen
in Shorts. Damals unterwegs. Nun höre ich,
was du sagtest, und ich sehe einen Zweig,
der vereist war. Ich schlug den Kühlschrank vor;
wir aßen griechisch und suchten vergebens

nach Tommy Dorsey. Nachts dröhnte die Brandung
am weißen Ufer; vor dem Hotel ein Gespräch,
das wir fortsetzen sollten, wenn wir uns sehen.
Wir sahen uns;
              ich schwieg. Aus dieser Zeit
die Spulen mit nichtentwickelten Filmen.

Auf der Straße nach Kansas

Wir sehen sechs Menschen, Rückenansichten:
Agy Ubac
Irène Hamoir
Louis Scutenaire
Jacqueline Delcourt
Georgette und René Magritte.
Bruxelles, 1942.
Es ist richtig; man bewegt sich fort. Durch
die Beine von Louis sehe ich den Horizont;
Madame Delcourt trägt einen Hut.

Am Strand von Rodenkirchen

Rundfunk-Redakteure, gehend. Der Wind, der
nicht an den Sommer erinnert.
Und mit diesen Steinen willst du ein Haus
vorbereiten, mit diesem Taschentuch
voll Kies?
Soll dieser Zweig
              der Anfang des eigenen Waldes
sein? Dann gib nicht auf.
                    Diese alten Ufer-Villen
erzählen uns noch einen historischen Roman. Hier

saßen wir zum Frühstück, einmal,
als die Sonne über die Hügel sprang.

Ich zwinge mich zur Ruhe

Als ich in der vergangenen Woche nach Hamburg
fuhr, nachdenkend
über ein Interview mit dem masurischen Freund,
rauchte ich pausenlos Zigaretten, das war nicht gut,
ich würde heiserer sein als sonst.
Es war eine Luft, die Schnee versprach,
weiß gereift die Flächen von Westfalen,
Gegenden, die ich wiedererkannte; oft war ich hin und her
gefahren auf dieser Strecke, das waren Jahre
der Trennung, entschlossen war ich zum Glück.
Ich rauchte und rauchte und grübelte, wie das
mit dem Älterwerden geht: so wollte ich
fragen, den Freund, in der Erwartung
seines fünfzigsten Geburtstags.
Tiefebene. Der Zug fuhr schneller. Ich erschrak, als
ich an seine wasserhellen Augen dachte; gestern,
vor zehn Jahren, tanzte er im Roxy
mit meiner neuen Frau. Ich probierte
das Tonbandgerät; ich dachte: unsere Stimmen
in hundert Jahren. Als der Zug
die Elbe-Brücken passierte, wußte ich nicht,
ob ich ruhig sprechen und fragen kann.

Theo Champion, Straße in der Morgensonne

Im Jahre 1934 sah man einen Doppeldecker
am Himmel. Bilder entstanden,
die nicht mehr erzählen als das, was
man sieht. Ruhige Straßen, Schatten
der Häuser. Wahrscheinlich
wenig Geräusche. Beim Malen hört man nichts.
Zehn Menschen waren unterwegs, darunter
vier Kinder, bürgerliche Kleider. Baumreihen,
dahinter der Rhein. Der Ruhm
der Düsseldorfer Akademie. Bilder entstanden
mit sachlich angeordneten Gegenständen;
Häuser, Bäume, Personen. Im Jahre 1934
ein Doppeldecker am Himmel, und wolkenlos.

Abends, gegen achtzehn Uhr

Die Sonne geht unter, sagen wir, und
es stimmt nicht.
Daß ich anfange jetzt, mit meinem Kopf
nach unten in den Weltenraum zu ragen,
ich spüre es nicht.
          Plötzlich –
nein, wir spüren es nicht.
Daß es mir vor den Augen schwimmt, daß
unter, nein, über mir die Decke verrutscht,
daß der Rand der Eifel plötzlich
hinter der Brüstung des Balkons verschwindet,
es hat wohl einen anderen Grund.

Träume wiederholen sich

Aufrecht sitze ich im Bett. Nichts ist
zum Festhalten da. Wieder
haben die Bremsen eines Autos versagt,
das nicht mir gehört. Wenn ich jetzt
aufstehe, werde ich im Dunkeln versuchen,
keinen Gegenstand zu berühren. Meine Stadt
liegt wieder in Trümmern. Es ist wieder
Krieg. Ich stehe auf
und suche in der Küche die Milch.

Krapp

So geht es bald. Auf Tonbändern höre ich,
was ich sagte, damals in den Studios.
Einmal war die Rede auf das Geräusch
des krachenden Apfels gekommen, und ich hatte
in einer Halle gestanden, mit Blick
auf das Meer. Ich höre mich davon sprechen,
und ich weiß nicht mehr, wie
ich darauf gekommen bin,
auf Apfel, Halle und Meer. Wiederholt
läuft das Band; jetzt wird alles noch
fremder, obschon ich mir vorstellen kann,
was ich meinte. Ich wollte
eine Fiktion beschreiben, eine Art des Fliehens,
die nicht gelungen ist. Aber
das hilft nichts: die Stimme gehört
mir nicht mehr. Und
es hilft nichts, jetzt einen Apfel zu essen.

Der März in der Luft des Hochhauses

Von oben gesehen, der Stand der gelben Ereignisse,
Forsythien in den Gärten. Jetzt sind es
die Geräusche der Kinder; zwischen den Wohnblocks,
auf den Flächen der Tiefgarage, so etwas wie
Leben; das ist jetzt neu. Und es ist hell;
wir kommen aus den Büros und sehen
die Sonne noch über den Hügeln, dem Rauch,
den Raffinerien. Glitzernd der Berufsverkehr
auf der Ebene zwischen den Dörfern; kurz rauscht,
wie eine eingeblendete Brandung,
die Köln-Bonner-Eisenbahn auf; ich dachte,
dieser Winter geht weiter; nasse Halden,
Nebel-Plantagen. Der Krieg zwischen uns. Aber
mit den Amseln ist jetzt zu rechnen, und
wie die Äcker grün werden, das ist, mit dem
Wiederentdecken der Farbe, über Reste ein Blick.

Notiert, der weißen Wand gegenüber

Hier werden Landkarten hängen.
Die Wahner Heide.
Liebour, 1914.
Kalscheuren.
Das Siebengebirge.
Genügt doch ein Blick
aus den Fenstern hinab von unseren Balkonen
im achtzehnten Stock.
Ja. Das genügt. Und das genügt nicht.
Diese Nähe, wie nahe denn im Detail.
Schloß Gymnich. Regierung. Ägypten.
Ein archäologischer Ausflug: Schachteln
mit Gestein aus drei Millionen Jahren Rheinland.
(Tröstend die kaputte Kollegin:

sind wir so wichtig
mit so viel Historie unter dem Hintern –)
Aber die leere weiße Wand.
Fläche der Phantasie.
Erschrick nicht.
Wir sehen was. Was sehen wir.
Gib es doch her, das farblose Glas.
Nichts, Generalstab.
Die preußische Landesaufnahme.
Zumindest soviel kann ich dir zeigen.
Eine Eifel zum Träumen.
Sozialistische Zäune in Rolandseck.
Schrecklich und neu, gegenüber, die Wand.

Ein ganzer Freitag

Feriengeschrei der Kinder. Fahrräder glitzern
in der Sonne; in den Vorgärten hustend die Männer,
Rentenalter, mit klirrenden Hacken; Staubsauger
aus den offenen Fenstern.
                      Ich ging weiter
durch den Vorort zum Fluß; in Ruhe sitzen
weit entfernt –
                das Geschiebe auf den Brücken;
Kräne und die neuen Funkhaus-Türme; es regnete
lange nicht und das Strandzeug liegt wie ein Haufen
Skelett.
      Immer leichter und völlig unmöglich
zu lernen das programmierte Sprechen; einige Leute
gehen geduckt.
            Ich schaute den Lastschiffen nach,
und ich weiß nicht, warum es mich traf, als
ich auf einem Ruhrort-Kahn eine Frau die Wäsche
abhängen sah. Mehr Zeit Richtung Basel. Kam
ein Angler dann.
                Draußen auf der Mole sitzend

sehnte ich mich weiter hinaus. Vor Jahren schrieb
ich über dieses Ufer wie von einem alten Bild,
ahnungslos, was kommen sollte. Der Angler
jede Woche hier, seit zweiundfünfzig Jahren; gibt es
denn noch einen Fisch?
      Hubschrauber flatterten
zwischen den zugeschobenen Brücken; Geräusche
einer möglichen Katastrophe, der Einsatz einer plötzlichen
Massenflucht ins westliche Land, und die Grenzen
wären zu. Und der Angler würde sagen: das
gibt es doch gar nicht –
      nein, denn im Sommer
badet er noch jeden Tag in diesem Chemie-Fluß,
und mittags Rotauge oder Forelle. Was Ihr da
immer erzählt, sagte der Angler, was Ihr da schreibt
vom kaputten Wasser –
      ich betrachtete lange
das Wasser, und meine Geduld veränderte es nicht.
Ohne Nachricht leben, ohne Kommentar; das Leben
des Anglers. Es wurde wärmer, und der Südwind
kam über die Raffinerien von Wesseling; rauchend
ging ich weiter.

Zwischenbericht

Langsam weiter. Mit einem Tagebuch
versuchen, die vergangenen Tage zu finden,
zu ordnen. Hin und her
zwischen Vorgängen, Gesichtern, Studios, Blüten,
Tränen, Tiefgarage und vergessenen Namen.
Niemanden gesehen, der ganz frei
dich anschaut und dann etwas sagen kann,
das jede Interessenverbindung ausschließt.
Jeden Morgen noch das Glück über den Zusammenhang
von Blicken aus dem Autofenster und
Forsythien zum Beispiel. Wichtiges Wetter. Müdigkeit

und Neurosen. Spätere Zeiten nicht jetzt
dementieren. Zeitungsartikel sammeln, wenn
man nichts wahrnehmen wird. Kontoauszüge,
an- und abschwellende Gefühle, niedriger Pegelstand,
Anpassungen, Zigarettenverbrauch, Juckreiz, Streit,
Unterschriftsmappen, neue Wälder, bleibende Schäden.

April is the cruellest month

Ostern vorüber (und ich hatte jahrelang geglaubt,
in der Karwoche fliegen
die Kirchenglocken wirklich nach Rom).
Jetzt fiebernd, heiser und ängstlich verfolgend
den Fortschritt der Diphtherie in der Stadt.
In diesem Jahr kein Gregorianischer Gesang;
statt dessen ein Bild
mit schwarzgefärbten Eiern (»aber es gibt
die schwarzen Eierfarben nicht«). Laßt einen gehen,
wenn er alles vergißt; er wird stolpern
und fallen und aufstehn –
Warme rheinische Luft; in Brandenburg Schnee.
Beckett im Programm; das siebzigste Jahr; noch einmal
dieser Dreizehnte mit deinen Tränen, Damals
That Time.
Hättest du und wäre ich; weiter so
im Konjunktiv; nun erst mal volles Grün
in die Gärten (denken wir an den Ginster: einmal
fehlte er ein ganzes Jahr; und mit diesem Vakuum
sind wir beschäftigt geblieben). Wie geht es,
fragen wir, den Freunden ohne unseren Krieg?
Tag und Nacht ein summendes Hochhaus
mit Namen Augustus, im Land zwischen
Eifel und Bergischen Hügeln; was ist; ich weiß nicht,
von den Leuten im Aufzug zu lernen?
Die eine, die andere Frage; später vielleicht, »Am Ende
unbestimmter Tage«; ich sagte, ich werde nicht

alt wie ein Baum –
Im Garten meines Vaters sah ich plötzlich wieder
den alten Haselnußstrauch. Schon immer
mit seinen roten Blättern. Jetzt
hat er grüne Blätter, an diesem neuen Zweig.

Sag mir, wie es dir geht

Oft müde. Die wirkliche Anstrengung besteht darin,
immer anwesend zu sein und Anwesenheit
zu beweisen. Je besser der Beweis gelingt, desto
ferner rückt der Horizont der Ruhe. Abends
schweigen die Erscheinungen, die Vorgänge nicht.
Bald ist es ein Privileg, die Fenster öffnen
zu können. Handlungen ohne Gefühle, und
das macht Vorteil. Eine zunehmende Starre
in den Augen. Hören worauf es ankommt.
Manchmal die Nähe von Wasser zu riechen
oder den grünen Himmel zu sehen, das sind jetzt
Wörter; Dinge und Erfahrungen nicht.

Die Trockenheit dieses Frühlings

Die Straßen sind naß, seit heute morgen.
Seit heute morgen geht mir Paris durch den Kopf,
ich weiß nicht warum, die Schwärze des Regens,
ein Urlaubstag, die Photos von Eugène Atget.
Die Nähe belgischer Sender, Tauben vor den Fenstern.

Auf der Landkarte suchend, die neue Wohnung, die alte;
ich könnte, plötzlich, das Land verlassen, die
frühen Küsten des Exils noch einmal suchen;
dann wäre ich stumm.

Aber nun sitze ich auf einem weißen Stuhl
am Fenster; die Briefe auf dem Tisch beweisen,
daß es die andere Adresse gibt. Und
ich sagte am Telefon, daß ich komme, als
Hans vom Westdeutschen Fernsehen anrief
wegen des neuen Radax-Films, zwei Folgen
über Ludwig Wittgenstein.

Ich schaue ins Zimmer. In den Spiegeln
der schwarzen Schranktüren finde ich die Landschaft
wieder, die Hügel des Vorgebirges, Braunkohle-Abbau,
Masten und Pappeln, Elektrizität, Kühlwasser-Rauch,
die Wohnparks, Wolken über der Autobahn.
Manchmal fliege ich über die Gegend, im Traum
oder wirklich, Einflug nach Wahn, Departure
to Overseas –

Ein sonderbarer Tag, ein Tag im Urlaub; ich sehe,
was plötzlich zu sehen ist; wochenlang
sehen wir nichts.
Dies klarmachen, und dies ist schwierig zu erklären,
daß mein Herumsitzen mehr bedeutet als
eine Gleichgültigkeit, daß in diesem Zustand
von Abwesenheit etwas frei wird, offen
für ein Weiterkommen, für eine richtige Bewegung.

Wenn das klar wird, aber es entsteht nur ein Mißverständnis,
kann ich gehen, setze ich mich an den Fluß.

. . .

Es regnet nicht mehr. Am Sonntagnachmittag
spazierten wir im Wahnbach-Tal; nach Stunden
auf dem harten, rissigen Boden schmerzten die Füße.
Der Staub auf den Wiesen. Der niedrige Pegel
der Talsperre. Einmal hörten wir den Kuckuck;
einmal machten wir ihn nach. Was wird im Sommer.

. . .

Als die Freunde abends, nach der Film-Abnahme,
das Vierscheiben-Haus verließen, standen sie plötzlich
unter der Wildnis des Himmels. Sie hörten auf
zu reden über den mißlungenen Film; der Wind
riß die Möglichkeiten der Kamera weg; grüne, lila
Güsse des Lichts über Fenster, Fassaden hinab
in die Straßen; die Häuser funkelten zwischen der Schwärze
der Kirchen. Dann kam die graue Ruhe im Leeren,
im Parkhaus, und wir fuhren nicht ans Meer.

Seit heute morgen mehrmals ein anderer Mensch.

Das Fenster am Ende der Korridors

Der Himmel, die Landschaft, der Fluß:
das Bild am Ende des Korridors.
Links und rechts die Appartements;
die Feuerlösch-Anlage. Das Summen des Aufzugs.
Die Zeit nach Büroschluß. Abweisende Gesichter,
kein Wort und keine Zärtlichkeit.
Jemand wird den Anfang machen
und an seiner Tür vorbeigehen
und weitergehen durch das Bild
hinaus in den Raum zum Fliegen.

Radio-Skala, abends

»Ich erlebe vor allem Flaschen, und abends
etwas Funk«, Gottfried Benn, 1953
                              – Fading der Stimmen,
das Rauschen auf der Mittelwelle. Im Januar 1945
Radio Luxemburg nachts: die amerikanischen Truppen

stehen acht Kilometer vor Köln
                         (und heimlich
hörte ich weiter Rag Time und Glenn Miller; nichts
wußte der Fähnleinführer).
                         Im dunklen Zimmer
Arabien, Kalundborg, die Côte d'Azur; so
mischte ich mich unter die Stimmen, erfand
die unbekannten Städte und den Bilderrausch –

Am Telefon ganz ruhig

Ein Erdbeben soll gewesen sein, spürbar in den
Hochhäusern der Stadt. Unruhig gehe ich
durch die Wohnung, suche nach Rissen
die Decke, die Wände ab. Regale und Schränke,
kein Buch ist umgefallen; kein Glas, keine Vase
hat sich verrückt. Warum hast du angerufen; wolltest
du sagen, daß es noch mehr Probleme gibt?

Sitzend und wartend

Seit wann hat diese blaue Hose grüne Flecken?

Wie kommen Muscheln auf die Fensterbank?

Der Vogel vor dem Fenster: jetzt steigt er, oder
jetzt fällt er?

Hinter meinem Rücken sitzt hinter der Wand der Nachbar?

Wenn jemand grußlos vorbeigeht, kann das bedeuten,
daß er ein fremdes Verständigungssystem benutzt?

Wenn etwas auffällt, das es schon lange gibt oder das man
schon oft wahrgenommen hat, warum
fällt es erst jetzt auf?

Wann haben Sie zum ersten Mal an Ihren Tod gedacht?

Waren wir glücklich?

Und wenn nicht, gab es nicht wenigstens einige Ansätze,
an die es lohnt sich zu erinnern?

Wir haben uns weh getan. Warum tun wir
uns immer noch weh?

Alte Klänge wieder hörend. Das Repertoire der Vergangenheit
nimmt ständig zu. In welchem Maß bestimme ich
die Vergangenheit anderer Menschen?

Warum kein Hunger heute, nicht einmal Durst,
überhaupt kein Bedürfnis, keine Selbstgewißheit, kein
Gefühl für die Notwendigkeit, etwas für den Bestand
der Person zu tun?

Gestern war ich in einer Situation, in der ich sagte,
das Selbstverständliche sei eben nicht selbstverständlich.
Ich stotterte fast, so kam ich mir vor, aber
hast du gemerkt, was ich meinte und worauf
sich alles bezog und daß es mir viel lieber gewesen wäre,
wenn ich in dieser Situation nicht recht behalten hätte?

Plötzlich kann es zu spät sein – was? Irgend etwas,
der Aufschub von Entscheidungen passiert ja fast täglich,
also, plötzlich ist etwas zu spät, und wir wissen
das auch und wir rühren uns nicht von der Stelle;
könnten wir uns denn nicht helfen, mit einer Geste,
einem Schlag, einem Wort gegen die Lähmung?

Immer noch Angst vor dem Schrillen eines Telefons?

Welches Hemd heute morgen?

Kannst du bald für die Klarheiten sorgen, die wir
für die Fortsetzung unseres Lebens brauchen?

Eine Nachricht am Sonntag aus Stuttgart

Stündlich höre ich Nachrichten, seit eine Frau
nicht mehr lebt, die ich einmal
sehr mochte. Ich habe sie jahrelang nicht
gesehen; zuletzt, in einer Menge von Leuten,
war sie auf mich zugekommen und hatte mir
die Hand gegeben; wir freuten uns beide,
wir hatten uns wenig zu sagen. Kurz danach
fing sie an, ihre und unsere Probleme
durch eine Art Kriegserklärung zu lösen;
sie hat diesen Krieg, vielleicht auch gegen mich,
geführt und jetzt verloren. In der Zeit nach uns
wird sie vielleicht als Heilige gelten, aber
ich weiß nicht, ob das eine Zeit wird, in der sie
selber hätte leben können, mit dem gedachten Glück.

Vier Zeilen

Unter Pappeln sitzend, und wieder die Stimme
im Selbstgespräch, das nicht aufhört, bis
alles zermürbt ist; der Wind erleichtert nichts,
der einfach durch die Blätter geht.

Ich beneide jeden, der Zeit hat, etwas wie ein Buch
fertig zu machen, sagte André Breton

Ich sehe dir an, du hast Probleme, die haben mit deiner Arbeit
nichts zu tun.
Fast zugewachsen ist dein Gesicht.
Ich habe gehört, du bist in ein englisches Hotel gegangen,
um endlich mal außer Reichweite zu sein.
Es sind Wassergläser, aus denen du laufend Cognac trinkst.
Ich höre, daß du nicht mehr weißt, wo du eigentlich
zu Hause bist.
Du läßt dir Zeit beim Schreiben, aber das heißt, daß du
die Zeit erst mal finden mußt, und das heißt,
du mußt dich heraushalten, alles absagen, dich zurückziehen,
verschwinden; du mußt gegen deine Faulheit angehen und
deine Probleme vergessen; irgendwann
kommt es auf jeden Augenblick an.
Du sagst, unser Beruf macht uns so egozentrisch, daß
er im Grunde jede menschliche Bindung ausschließt.
Hau doch ab, wenn du kannst, hast du einmal
in einem Gedicht über die Ehe geschrieben.
Immer noch drehst du eine Zigarette nach der anderen.
In einer Nacht vor vielen Jahren hast du kein Verständnis
gehabt, als ich dir erzählte, daß ich meine Frau
verlassen habe.
Man kommt nie von jemand richtig los.
Wir waren uns einig, daß man eine Menge dieser Probleme
beim Schreiben verarbeiten kann, aber irgendwann
hört das mal auf.
Es sind die Wenigsten von uns, die in unkomplizierten,
dauerhaften, ungestörten Verhältnissen leben.
Wir sollten nur warnen vor uns.
Wird man deinem Buch die Schwierigkeiten anmerken,
die mit deinem Buch nichts zu tun haben, aber
in denen du jetzt lebst?

Was kaufen wir: ein Boot, ein Zelt?

Wir trafen uns in der Stadt, mein Sohn und ich;
so oft sehen wir uns nicht. Welche Interessen
hat er jetzt? Der Auftritt der Rolling Stones, und
ich war so blöd zu sagen, die sah ich
vor zehn Jahren, die sind doch lange passé.
Werkzeug brauchte er, den Werkzeugkasten; mit
seinem Kompagnon nimmt er jetzt schwierige Mofas
auseinander. Älter werdend, er hat schon seine
Erinnerungen: wollte ich damals ein Boot, ein Zelt?
Dann suchten wir Knöpfe, originale Knöpfe
für den amerikanischen Mantel von 1962, den
hatte er in der Manöver-Heide gefunden
und gleich am Abend selber gewaschen. Nun
hing er in dem grünen Coat, ohne jeden Knopf,
und wir kriegten auch keinen lausigen Button
in dieser ganzen Geschäftswelt. Tags darauf
sah mein Vater meinen Sohn, wie er
durch die Vorstadt fuhr, den Wind im Mantel,
daß er aussah wie ein grüner Vogel, flatternd
auf dem alten Fahrrad. Du warst ja nie da,
sagte seine Mutter, als ich fünfzehn Jahre durchging,
gestern, an seinem Geburtstag.

Ist das alles so wichtig

Fortgesetztes Dilemma: Seite für Seite
ein perfektes Gedicht, oder die Notiz des Erlebten.
Gestern abend, unter Studenten, versuchte ich
zu erklären, daß beim Schreiben alles geschieht
nach Maßgabe der Erfahrungen und Einfälle,
der sprachlichen Möglichkeiten und wahrgenommenen Motive.
Aber sind Sie, wurde gefragt, denn immer so
sensibel, wenn Sie sagen, wie sehr es darauf ankommt?

Nein, und ich kann sie nicht einmal zählen,
die leeren Stunden und stumpfen Tage,
die Momente gleichgültig und kaputt.

Einmal, als ich vergeblich anrief

Das kann passieren. Du willst die Sonne küssen
und fällst vom Balkon. Kinder rollen dich im Sand,
bis du eine Mumie bist. Die schreienden Mütter;
schnell stehst du auf, klopfst den Sand
von der Hose und haust ab. Im Aufzug
kennt dich keiner wieder, dann findest du
die Wohnung nicht mehr. Übernachtung im Hotel.
Die Fenster lassen sich nicht öffnen. Irgendwo
brennt es im Haus, ein Glück, kein Geld
für die Rechnung. Irrend durch die Nacht; ein Haus,
da leben deine Leute. Du hast sie verlassen;
das ist passiert; was will dieser Fremde.

Eintrübungen in der Nacht

Graue Schuppen, der Himmel im Ausschnitt des Fensters.
Lange lag ich schon wach, ehe ich begriff, daß
ich wach lag und zum Fenster starrte,
morgens gegen vier, die Nacht zum Sonntag.

War ein Geräusch; hatte jemand gesagt: es kommen
Eintrübungen? Der letzte Traum: ein Haus,
in dem es von Stockwerk zu Stockwerk tropft, und
ich renne von einem Stockwerk zum andern, in jedem
treffe ich Freunde, Bekannte, die alle nicht
merken, daß es durch die Decken tropft. Ich

rufe, gestikuliere, zeige nach oben, renne weiter,
der Nässe, den Tropfen nach, bis unters Dach,
das voller Löcher ist, durch die man die Schuppen
des Himmels sieht. Unten, vor dem Haus,
steht abfahrbereit ein Zug, mit dem ich
angekommen bin, mit dem ich weiter muß.

Wach liegend; ich frage mich, warum hat keiner
auf die Tropfen reagiert, und was ist
mit dem Zug, den ich wie immer im Traum nicht
erreichte, in dem ich plötzlich doch saß?

Es müßte jetzt regnen; im Rauschen des Regens
könnte ich wieder schlafen, oder im Heulen
eines Sturms, im Rollen einer Brandung.

Um diese Uhrzeit wird gestorben, starb
meine Großmutter, vergangenes Jahr. Um diese Zeit
stand sie auf, schlaflos und im Selbstgespräch,
ging in die Küche und trank Milch.

Alte Ängste kommen wieder. Unerreichbarkeiten.
Rasselnder Atem; Nase zugewachsen.
Die kalte Hand, die auf dem Herz liegt.
Keine Geräusche, und niemand, außer mir selber,
hatte gestöhnt, gesprochen, gerufen.
Es wurde heller, und die Schuldgefühle ließen nach.

Zum Fenster starrend, sah ich die Bewegung von Punkten;
langsam bewegten sich Punkte aufeinander zu,
verschwanden in einem Punkt, der sich entfernte,
kleiner wurde und verschwand.

Jemand sagte: ich weiß nicht mehr, was los ist

Es ist so; es fehlt
die Möglichkeit der ruhigen Bewegung; es gibt
keine Pausen im Programm
                        – mach wenigstens leiser,
wenn du nicht abschalten kannst, und
mach einmal die Augen zu.
                          Auch diese Angst,
dieses vorsichtig gewordene Sprechen, dieses
schnelle Abwinken; das Achselzucken
so fürchterlich müde –
                  was ist so. Was
macht dich so nutzlos; was macht dich
abends schrill und morgens schlapp; was ist so
undeutlich und schattenhaft –
                        damals, als
es einfacher war, die Hoffnung zu benennen und
einen Baum mitzunehmen, wenn
man ihn brauchte –

Jemand sagte: mir geht es ja gut, aber im Grunde bin ich kaputt

Ganz ruhig geworden, als das verdorbene Essen wieder
aus dem Magen heraus war. Ich lag ganz ruhig und
war einverstanden zu leben.
Als ich am Telefon sagte, ich bin krank und muß jetzt
ins Bett, sagte sie, dann könnte ich ja glücklich
und zufrieden sein.

»Der Schorf auf Ihren Knien, der erinnert mich an meine
Kindheit, als es schön war, langsam den Schorf von den Knien
zu kratzen, bis wieder Blut kam.«

Ein leichtes Schwindelgefühl am Morgen, nur ein leichtes
Schwindelgefühl.

Vor dem Schlafengehen nachts, taumelnd in das Badezimmer.

Lächelnd, er blickte lächelnd zur Seite, ehe er plötzlich
zusammensackte, mittags im Kasino am Tisch.

Halte mich fest, halte mich fest, ich schwebe
sonst davon, ich schwebe sonst davon.

Ein Brief mit einer Handschrift, die zunächst zu erklären
versucht, warum sie so unleserlich sei, nämlich
weil ein Beil die schreibende Hand verletzte.

Sie sagt: ich trinke ja nur, weil ich dann
die Schmerzen nicht mehr spüre.

Er sagt: sobald ich denken will, sobald ich
lesen oder schreiben will, flimmert es mir
vor den Augen.

Diese Niesanfälle, kein Schnupfen, keine Erkältung, ganz
plötzlich diese Niesanfälle, abends vor dem Fernseher,
zu Besuch bei Freunden, im Restaurant, regelrechte Explosionen
pausenlos, aufstehen und das Zimmer verlassen, irgendwo
verstecken, das Haus verlassen, zurückkommen, peinlich,
Entschuldigung, Erklärung.

Von einer Dienstreise zurückkommen mit geschwollenen Lippen
blau geschlagenen Augen.

Was mit mir los sei, wird gefragt, warum ich
immer ins Leere starre, kein Wort sage, auf wenig,
jedenfalls kein Wort, keine Berührung, reagiere?

Was soll ich beim Arzt, sagte sie, es sind nur
die Probleme, die ich mit dir habe.

Weniges zur Entspannung

Hinsetzen zum Schreiben, aber es ist
keine Lust da zum Suchen nach Wörtern;
der heutige Einheitshimmel hat sich abends
aufgelöst in Möglichkeiten der Unruhe;
das Land vor dem Fenster
glänzt noch einmal im verschwindenden Licht;
das Summen im Hochhaus nimmt ab,
und die Stimmen im Kopf hören den Streit auf.

Vielleicht können wir später reden

Wie lebten Sie, fragte gestern ein Mädchen in Frankfurt,
welche Inhalte und welche Motive, sind Sie
in diesen Jahren schlauer geworden –
         zunächst
war ich sprachlos; es war Nacht, ich wollte
gerade zu meinem Auto; stotternd lenkte ich
von meiner Biographie ab; ich sagte bloß, im
vergangenen halben Jahr hat sich wieder
alles verändert –
     und Schweigen. Wir saßen
an diesem Frühsommerabend im heißen Westend
draußen auf dem alten Balkon, umgeben
von Brüchigkeiten, den Hinterhäusern, Gärten und Höfen
im Zustand unserer Wehmütigkeit;
         »seht doch,
diese kleinen Gartenmauern hatten noch
ein menschliches Maß«;
       Robinien rauschten; in der Luft
die Tangos aus dem Palmengarten –
         ich dachte
an eine Zeit in der Stadt, als ich hier lebte,
zerrieben und isoliert, funktionierend; aber schönes

Erinnern.
               Nordendstraße. Holzhausenpark.
                                        Was bleibt aber
sagbar von einer biographischen Phase –
                            schlauer geworden?
Ja sicher, die Zunahme von Empfindlichkeit.
Ein dickeres Fell.
Mehr Routine, im Sinne von Know How.
Weniger Kompromisse. Dagegen mehr Einsicht.
Midlife, Brüche.
Eingrenzungen –
               mußte das sein?
                         In der Nacht
gingen plötzlich die Lichter in den Schlafzimmern an;
Menschen atmeten Rauch aus, alleine stehend
in den hellen Fenstern –
               wie kommt es,
fragte gestern das Mädchen, daß immer weniger
Kommunikation? . Die Freunde
sagten nichts; einer schlief schon, einer trank weiter,
einer suchte noch Bedeutung, einer fischte
in den Erdbeeren –

Früher oder später

Rosen, Getreide, Holunder; in diesem Juni
alles weit weg, da unten. Gefühle
mehr und mehr auf Distanz; wir werden
auf diesem Meer nicht weit kommen.
Auf unseren Bildern sehen wir, wie
es war, aber nicht, was dann kam.

Möglichkeiten für Bilder

Dunkler Baum vor einem hellen Haus.
Wunschkörper.
Die traurigen Augen beim Schließen der Türe.
Holz und Milch; eine Lampe.
Der Wind, der die Hand ausstreckt (im Zitat).
Bälle, aus dem Mund tropfend.
Frieden im Tal.
Geduld der Minen.
Nun wächst die Wiese durchs Haus.
Springend, über den Strich in der Luft.
Die Küsten des Exils (seit 1957).
Winteräste im Sommer.
Sieg des Wartens.
Fallende Birnen. Liegende Birnen.
Fahrrad am Horizont.
Soldaten und ein Fahrrad.
Nacht des 7. November.
Das Elend der Befreiten.
Glas, zwischen Figuren.
Menschengruppen vor dem Horizont.
Nebel; die Versteinerung des Nebels.

Was denn, der 17. Juni

Damals warst du zu jung; es war ein Tag
der Live-Reportagen, wie ein Tag im Krieg, mit Schüssen
im alten Radio –
            als ich heute Frühstück machte,
Summertime im Transistor. Dann hörte ich
Lieder, Glocken, Posaunen der Prozession, unten
im Vorort. Fronleichnam. Altärchen
vor den Bungalows. Kennst du wenigstens das Foto:
Männer, steinewerfend, Panzer –
                glitzernd

die Straßen ins Vorgebirge. Dementi
des miesen Wetterberichts. Fahrzeugstau an den Grenzen;
du willst zum Tennis, schwimmen
wäre mir lieber –
                    immerhin, seufzend,
ein freier Tag in der Woche. Sag mal, du
rheinischer Einzelgänger, empfindest du nicht mehr
die Ostsee, den Thüringer Wald? Täglich,
der Presse-Verteiler, vor mir auf dem Tisch
»Neues Deutschland«–
                        jetzt aber 'raus, im Aufzug
hinab ins Grüne; Spaziergang, den ich dir
versprach. Zwischen den Wohnblocks liegt schon
die Hitze; knisternd der braune Rasen
auf der Tiefgarage; auf den Balkonen, unter
umgeknickten Sonnenschirmen, klirrendes
Geschirr –
          damals wartend, daß etwas geschah.
Standen denn die Fahrräder bereit, wie damals
im Juni, als die ersten Jeeps nach Westen
verschwanden –
              natürlich, wie immer,
müßte ich arbeiten. Das Nachwort für E. B.;
Konzepte fürs Programm; die Wochenblätter,
Briefe. Ein Mensch sein wie der Meßtechniker,
mit Hund und Grill; sitzend
in der Sonne; Vati, komm –
                          Huflattich, Holunder,
mit Körben zog die Klasse los. Damit du
ein Wort lernst: Heilkräuter-Sammlung; was
krähtest du, Baby, in Bromberg? Wir
gingen in Deckung, Kondensstreifen-Himmel;
ich sehe nicht, aber ich höre, hinter den Büschen:
das ist nur ein Sportflugzeug –
                              freundliche Leute
mit Klatschmohn; Fahnen damals verbrannt.
Du siehst es, im Vorgarten die Fähnchen,
katholisch und demokratisch, Heiligenbildchen
und noch der kleine Schnee der Kleider
nach der Kommunion. Die Hecken duften;

Gartentore voller Rosen –
                        die Einheit; nach Bonn
in zwanzig Minuten, der Bahndamm; Teergeruch
der alten Schwellen. Reichsbahn, war ein Wort
und ist noch eins; frag deine Eltern, wie
es war, ein See nach dem andern, dort
in Mecklenburg –
                        frag nicht, sinnlos vielleicht;
die neuen Studenten hängen aus ihren Appartements
frisch gewaschen die Jeans; Enten und Käfer
mit Autonummern aus Benelux. Aus Sachsen
schreibt mir ein Kollege, was kann ich
hier für Sie tun –
                        zu jung. Nicht alt, nicht lange
genug, um etwas nicht zu wissen. Das alte Radio
ist hin; die nächsten Tage Fernsehen, wie
wählen die Italiener, was röchelt
am Grenzzaun, wer
holt in Europa den Cup –

Die tausend und erste Straße

Paul Nougé steht verdeckt von Georgette Magritte,
zwischen zwei Bäumen. Daneben,
Standbein und Spielbein, die Fäuste in den Hüften,
steht René Magritte.
Neben Paul Magritte steht Martha Nougé
mit dem Rücken zu mir und
blickt in den Wald. La Foret de Soignes.
Bruxelles, 1939.

Auf dem Bett liegend, nachmittags

Das Vermissen von Bäumen.
Eine Küste bietet die Landkarte an,
eine Farbe der See;
einen Zusammenhang von Reißwecken,
Wand und Papier
kann man wieder verändern.
Eine Zeit für das Inhaltsverzeichnis
der Wünsche.
Bald, alles beziehbar auf bald.
Weiterhin, wenn der Wind fehlt,
einatmen,
ausatmen, mit der Kraft des Riesen.
Reichweite; oder der Versuch, etwas zu bestimmen,
was sich außerhalb dieses Körpers bewegt.
So entsteht kein Gespräch,
keine konkrete Begegnung; aber
darum geht es auch nicht.
Stören, diese Augenblicke, kann alles, was
auch dazugehört, ganz zu verschweigen,
was im Kopf hin und her rollt.

Hitzeverbrechen, las man in einem Gedicht

Liegend im Schatten; eine blaue Hollywood-Schaukel;
wie hast du diesen Tag überstanden. Tage
im Kollektiv, das die Hitze erzeugt: »Wir
dösen alle still vor uns hin –«
Gespräche auf der Terrasse, die ich nicht mehr
begreife; es ist keine Luft mehr, sondern
ein unbeschreibliches, lastendes Etwas, das
zwischen uns liegt. Die Bäume rühren sich nicht;
es wäre eine Erlösung, aber der Abend
macht uns wild, wir könnten uns töten.

Eine Amerikanerin war in Berlin

Café Schilling; du rauchst immer noch
vor dem Frühstück.
                     Wie lange lebtest du hier?
Als ich dich wiedersah, plötzlich in einem blauen VW,
steuertest du mit einem Gipsarm.
                            Dein Mann
war einmal mein Freund.
                        Euer verlassenes Haus
fand ich im Schnee in Williamsburg.
»Luck be a lady«; einmal wolltest du die Platte
los sein, mir schenken; vergaß ich zu fragen
nach deiner Erinnerung.
                     Es war
eine Baracke in Zehlendorf, eine Obstwiese
im Frühling, ein Abend
zwischen brennenden Autos; und nur einmal »sehen«
wollte deine kleine Tochter mein Zimmer.
                               Briefe,
und ich schrieb nicht. Jetzt werden es Jahre.
Du weißt, ich erzählte von Denver
                            (bloß, weil Kerouac
seine Verrücktheit beschrieb),
die langweiligste von euren Städten (wir flogen
am selben Tag weiter).
Im Wohnwagen fängst du dort wieder an; du bringst
alles fertig. Selbst dein schrottreifer Käfer
schafft noch die Stadtautobahn.
                            Noch einmal
kamst du zurück, nach dem Abschied, am Flugplatz.
In deiner Sprache,
          die du jetzt wieder lernst,
sagtest du mir etwas ins Ohr.

Ansichtskarten aus einem Hotel

Plötzlich, in den ruhigen Dünen, sehe ich, hoch,
den Kondensstreifen nach; Starts
in Düsseldorf, Frankfurt; der hohe, ruhige Kurs
über den alten Atlantik.
                          Es war, erzähle ich, immer
wie ein Abschied von der Erde Europa, wenn
wir hochzogen, in einer glitzernden Boeing, hinabblickend
auf die Landmuster der Niederlande, auf
Gischt, Dünen, die weißen Ränder, wo wir
in Mengen jetzt liegen.

.

Lichter abends draußen auf See.
Heiserer Sprecher, französischer Sender.
Helle Kleider; klirrende Terrassen.
Sperrgebiete und wartende Marine.
Unterwegs, als das Kühlwasser kochte, dachte ich
an die Kübelwagen des Afrika-Korps.
                                  Im Sommer
brachen die Kriege aus. Wie war das
in eurer Kindheit, frage ich die Studenten
in ihren alten Jeeps
                      – in den Ferien
suchten wir den Horizont nach grauen Schiffen ab,
nach Minen die See
und den Wald nach Fallschirmseide, Splittern.

.

Doch, das Meer atmet unaufhörlich. Ruhiger,
ich werde wieder nicht ruhig, jetzt
nicht.
        Jeder Möwenschrei. Jedes kreisende Gras.
Erzählungen in einem bleibenden Geräusch, das
hinter der Bauzone aufhört.

.

An mein Alter denkend
                    – Abend-Restaurant, unter
Pensionären sitzend, ledern braunen Gespenstern,
die das Meer am Nachmittag
am Swimming-Pool erleben; Paare, verwachsen,
verstummt und böse, wenn einer, laut,
den anderen was fragen muß –
                              immerhin
ganz komfortabel, Rover und abends Chablis,
Trost oder Schrecken –
                      morgens schlaflos, so
fängt es an; leichte, ungenaue Schmerzen;
Ironie vor Spiegeln und Warten
auf Gewißheit; mehr, sagt der Oberst a.D.,
erleben Sie jetzt nicht –

.

Dies sind Fotografien der Küste, so sahen
Bunker aus. Frag deinen alten Vater, den Architekten,
was der Atlantikwall war –
                          »Pendant ma jeunesse,
le littoral européen était interdit au public
pour cause de travaux; on y bâtissait un mur
et je ne découvris l'Océan
qu'au cours de l'été 45«: Paul Virilio,
Jahrgang 1932 –
              liegend am Strand, radelnd
in den Dünen; Wehrbezirk Niederlande,
15. Festungspionierstab. Die Arbeit
von Wind und Sand am Vergessen; wie ein Kopf
ragt dieser Kommandoturm –
                          viel Zeit
für Archäologie, und eine Ausstellung im Museum
der dekorativen Künste, Paris; Zitate im Katalog
von Hölderlin, Rilke, Ernst Jünger.
                                  Eingegraben
im Sand, mein Kopf der Bewußtseinsturm;

grabt ihn aus,
             Spuren zum *Zeitgeist*; später
Entzücken, Entsetzen –
             dies sind Fotos:
See und Sand kommen zurück. Kinder, neu
und blond, rennen und bauen im Schlamm.

.

Dinner; der Herr am Nebentisch macht heute
abend immerzu Notizen; das
beunruhigt mich, vor allem auch, daß er
nicht mal ein Bier trinkt
             – so muß man
leben, nicht wahr, Dr. Benn.
             Dann las ich,
wer eine Woche trocken nicht schafft,
sollte zum Arzt gehn –
             und schließlich,
seufzend, Hermann Schreiber: »unsere Generation,
mit ihren Krisen, Brüchen, Trennungen« –
Schnitt jetzt, Musik
             – grau, zum Frösteln
der Abend. Gäste reisen noch ab.

.

In diesem Sommer passiert viel, aber das
wissen wir nur, weil ich das Radio mitgenommen
habe, morgens Zeitungen hole. Was wichtig ist
und was ich denken soll, nur langsam
schwindet die Sucht, mit Neuigkeiten
zu leben. Ich schlafe jetzt länger; mehr
Zeit für das Land in den Träumen.

Meine Großeltern fuhren niemals
in die Ferien; einmal
Thüringen, dann Coburg, aber

das war schon die Evakuierung, weder
Sommerfrische noch Fitness.

Immer der Garten; die Einmach-Zeit.
Beerenobst, Frühkartoffeln, das Mistbeet;
vierzig Obstbäume für die vier Kinder;
Rosensträucher, Unkraut nach dem Regen.

Das Haus roch noch im Winter
nach Boskop und Lauch, und
die Hitze stand lange im Stall.

Zuletzt, als keiner mehr lebte, fand ich
die Rechnungen für Samen, Haushaltshefte,
ausgeschnittene Gartenartikel und
einige Bücher, Wanderungen
durch die Eifel, Ville und Kottenforst.

.

Ansichtskarten; mir geht es ganz gut; was
kann ich dir sagen; Familien auf Fahrrädern
zum Picknick unter Kiefern; Drachen, Papiervögel
und die Kreise der Reklame-Flieger; Paare
im Sonnenuntergang
               und was mehr noch
plötzlich traurig macht –
                    im Rücken die Küste,
vor Augen die Dünung, so könnte ich
vergessen und weitergehen, hinab in den Horizont.

Man wundert sich über die wenigen Veränderungen

Ein Brief ist verschwunden, eine Karte
nicht angekommen; das irritiert mich, weil ich
an bestimmten Ordnungen und Gewohnheiten nicht
zweifle; die Wiesen sind versteppt,
und die Birkenblätter hängen vergilbt wie sonst nie;
meine Reise-Erzählungen haben gar nichts
mit einer Reise zu tun, sondern mit einem Aufenthalt
während einer langen Flucht; Aufgeschobenes
ist weiter aufgeschoben worden und die Gespräche
über Krise fangen mit dem Alphabet an.

Nachmittag mit Wolken

Der Wind ist sichtbar
                      und die Fluß-Möwen
blitzen vor den Fenstern auf
                          – biegen sich
ganze Reihen von Pappeln.
                    Mögliche Bilder,
die ich dir vorschlage, aber du mußt
etwas sehen –
        hier,
ich bleibe nicht. Bist du nicht.
                        Schatten
wandern über die Felder
                      – in der Nähe
des Rauchs, ruhig vor dem Horizont,
rasche Wechsel
              – Wind, mit seinen Geräuschen.

Briefentwurf

... schon lange will ich Ihnen schreiben.
Aber immer, wenn ich mich hinsetze, um endlich –
Sie kennen das vielleicht.
Jetzt ist es nicht anders. Hinzu kommt,
daß mich die tägliche Arbeit so ablenkt, daß
ich nicht einmal mehr meine Probleme bemerke,
und das macht es so schwierig, ein Empfinden
für Ihre Probleme zu haben. Man sagt mir,
ich werde gleichgültig, ich nehme nur meine Funktionen
noch wahr, Aber das stimmt nicht, obschon ich weiß –
Sie verstehen das vielleicht.
Ich träumte jetzt einmal, daß in meinem Kopf
eine Landschaft von einer Düne langsam
zugeweht wird. Was soll man tun? Sicher,
man müßte ganz anders leben, aber wie,
das wollten Sie ja von mir wissen.
Sie meinen, daß einer, der schreibt, seine Probleme
dann los wird; versuchen Sie es, Sie werden bald
wissen, welche Probleme dann erst entstehen,
und wie sie zunimmt, Ihre Isolation. Aber
ich will Sie nicht warnen; um so besser, wenn Sie meinen,
daß Ihre Wörter Sie mit den Leuten verbinden –

Zweihundert Jahre amerikanische Malerei

Hinter Godorf, hinter den Raffinerien, kam der Regen
auf die Autobahn. Es war Sonntag, der letzte Tag
der Ausstellung; der Eintritt
ins Rheinische Landesmuseum war frei. Andrew Wyeth,
geboren 1917 im Staate Pennsylvania, lebt
in einer alten Mühle und malt seine Nachbarn,
seine Familie und das Land um ihn herum.

Lift

Als ich den Lift im achtzehnten, im letzten Stockwerk
verließ, sah ich draußen vor dem Fenster am Ende
des Korridors einen gelben Hubschrauber
in der Regenluft hängen.
Im Kellergeschoß steht der Flaschen-Container; im Haus
wird ganz schön gesoffen. Benutzer der Tiefgarage; das Büro
des Hausmeisters; das Geritze an den Wänden.
Erdgeschoß. Paare mit Plastiktaschen. Kleine Mädchen
fangen zu kichern an.
Wenn der Lift schon im ersten Stock hält, werden
wir wütend. Faules Volk.
Im zweiten Stock kommt es vor, daß ich mich frage,
wieso man in den zweiten Stock eines Hochhauses
ziehen kann. Oder
haben Sie kein Gespür für die Massen über Ihrem Kopf?
Das dritte Stockwerk. Dicke, behinderte Hausbewohner;
Kindergeräusche; erste Gerüche und alles andere
als freundliche Empfindungen.
So roch es früher in alten Treppenhäusern, nach Suppen
und Kohl; nein, es riecht nur so ähnlich;
summende Appartements im vierten Stock.
Im fünften Stock haut jemand draußen gegen die Eisentür.
Im sechsten Stock steht der Korridor voller Kisten und
Kartons. Wieder ein Umzug im Haus, fast jede Woche.
Déjà vu, denke ich im siebten, achten oder neunten Stock,
aber das passiert oft in solchen Gebäuden, daß man
ein Gesicht wahrnimmt, monatelang nicht sieht,
vergißt, und beim Wiedersehen weiß man nicht,
ob es ein Wiedersehen ist.
Plötzlich, vielleicht im zehnten Stock, die Vorstellung
von Alarm und Aufruf zum sofortigen Verlassen
der Wohnungen, vom Kampf vor den Lift-Türen
und dem Gedränge in dieser 12-Personen-Zelle;
Leute gibt es in San Franzisco, die in Erwartung
des großen Erdbebens seit Jahren keinen Lift benutzen.
Zwischen dem elften und dem zwölften Stock
die Sehnsucht zurück nach flachen Landhäusern,

Terrassen, Gärten, Gebüsch und Bäumen vor den Fenstern.
Jemand steigt im dreizehnten Stock ein,
im vierzehnten Stock steigt er wieder aus.
Viele der teuren Wohnungen stehen leer; es soll
Bewohner geben, die sich im Haus hin und her bewegen,
in der Hoffnung, jemandem zu begegnen und guten Tag
zu sagen, wie früher, zu Hause, in den Dörfern.
»In der sanftfüßigen Stunde der Nacht, wenn der Lift
Blondinen zu Junggesellen-Wohnungen fährt . . .«;
es ist aber einer der vielen schlaff machenden Nachmittage
mit älter werdenden Angestellten, und
ich frage mich, etwa im fünfzehnten Stock, nach
der Realität einer Gedichtzeile von Auden.
Im sechzehnten Stock vermute ich den Mann,
der mit seinem Schlagbohrer für eins der Geräusche
sorgt, die man in diesem Haus fortwährend hört
und die um so unerträglicher sind, je weniger
man weiß, was diese Geräusche bedeuten, wie sie entstehen.
Der Lift hält im siebzehnten Stock. Die Türe
geht auf, niemand steigt ein, niemand
steigt aus, ein leerer Korridor.
Als ich den Lift im achtzehnten, im letzten Stockwerk
verließ, kam mir die Katze entgegen, die
seit kurzem im Gang des Korridors lebt.

Mitte August

Über eine Wiese gehen, umgeben von Gebüsch
und Bäumen eines alten Parks: einen Augenblick
stehenbleiben und sich vergewissern,
daß man lebt, in der Mittagspause jetzt.

Tage später und kein Wind

Als ich nach Mitternacht ins Schlafzimmer ging,
mußte ich es gleich wieder verlassen.
Das Fenster stand offen, und mit dem Nebel
war der Geruch der nahen Petrochemie
ins Zimmer geweht. Von draußen hörte ich Grillen,
und Flaschen klirrten noch auf einem Balkon.

Wie so oft

In der Frühe, Kollegen mit dem Morgenmagazin
beschäftigt. Zwei Hemden waschen; Brot
und belgische Tomaten. Ich sehe den Stau
auf der Autobahnbrücke. In Herznähe
die beginnende Unruhe, Zeitansage und Zigarette.

*September 39; Felix Hartlaub schreibt die ersten Zeilen
in sein Kriegstagebuch*

In diesem Jahr sehr früh das Fallobst
auf den Wiesen
            – ich gehe langsam an Gärten
vorbei; Samstagmittag, Anfang September; es ist
ziemlich still.
              Windvögel hängen in der Luft.
Um diese Zeit
          immer die Erinnerung, wie
es anfing, Lautsprecher in den Bäumen,
leichte MGs auf Dächern, auf Hügeln.
                   Diese Kinder,

diese jungen Väter tragen Plastiktüten
zum Parkplatz; der selbstverständliche Supermarkt.
Seitenstraßen; Vogelbeeren leuchten, die wir damals
verschossen im Blasrohr
                   – es riecht
nach Pflaumenkuchen. Die Pappeln rasseln.
In diesem Sommer, viele der jungen Bäume
sind auf den Uferwiesen verdorrt; Niedrig-Wasser,
weißes Geröll.
            Einzelne Leute, einige
mit Hunden; die Paare und ganze Familien
kommen erst später.

Sonntagvormittag

Manöver im Münsterland, heißt es im Verkehrshinweis
am Sonntagmorgen. Von Johann Sebastian Bach
die sechste Orgel-Sonate. Ich wachte in einem Wald
auf, es war aber ein grünes Zimmer. Verlängerung
der Träume in den Tag. Nebel hängt zwischen
Alleen und Wiesenstücken. Tassen mit dünnem Tee.
Ein Kind beginnt zu pfeifen; es ist immer derselbe
Ton, bis es plötzlich still ist. Notizen schreibend
für ein Programm, nehme ich weiter nichts wahr.

Im Alter

Spät, als mein Vater anrief, erschrak ich
zunächst. Er wollte aber nur erzählen.
Gestern, auf dem Land, hatte er ein kleines,
leerstehendes Fachwerkhaus entdeckt. Du willst
doch aufs Land, sagte er, ich komme vom Land.

Stunden abends

Diese Gruppen von Zugvögeln; wir
                       konnten uns nicht
verständigen.
         Wieder pfeift es, als wäre es
das Kind, als wäre
Sonntagvormittag. Nichts ist zu hören.
Dämmerung. Die Farben der Furcht;
ein Zittern beginnt im Körper. Wenn
es nicht Wolken sind, sind es Gesichter,
Seehunde, Schluchten. Was wäre »das Innere«
in dieser Luft. Bald entsteht jetzt
eine Nacht, eine weitere Entfernung kommt hinzu;
nur das Licht draußen bewegt sich.

Das Thema der Vergänglichkeit

Ein Kretin im Westerwald, Hut im Nacken,
zwischen den Holmen einer Wagendeichsel,
hält eine Zigarette in der Hand.
Ein Streichholzverkäufer in Köln, Krüppelarm,
Nagelschuhe und Schirmmütze, sitzt im Schatten
einer Kirchennische auf einer Wolldecke,
vier Streichholzschachteln zwischen den Beinen.
Ein Invalide in Köln, ohne Beine
und mit rechter Armprothese, sitzt
in einem Karren mit Holzrädern
vor einer geöffneten Zigarrenkiste.
Zwei Insassen eines Blindenheims in Düren,
auf einer Bank vor einem Drahtzaun;
der eine hält eine Brille zwischen den Händen,
die Hände des anderen liegen auf der Bank.
Zwei Kinder, Blindenheim in Düren,
halten sich an den Händen.

Das Mädchen hält den linken Arm hoch,
der Junge hört zu.
Ein gebrechlicher Alter im Westerwald,
gestützt auf zwei Stöcke, wendet sich um,
auf einem Weg zu einem Fachwerkhaus.
Zwischen 1926 und 1930,
sechs Fotos von August Sander.

Programmvorschau

Feelings. Milt Jackson and Strings.
Den ganzen Nachmittag die Schallplatten; das wird
eine Sendung.
    Aber »Gefühle«. Wer will denn
leben mit Komplikationen. Oder ziehen Sie sich
immer
  so glanzvoll aus den Affären –
Telefon nachts.
    »Ich brauch dich«
Die Nachtvorstellung der Gefühle. Streichergruppen
im Hintergrund.
    Härter im Nehmen, und
trotzdem ganz wund, und kein Wort –
Laß mich,
  für immer? Es gibt noch
den Sommer; dieser der letzte. Viele
gehen jetzt weg, versuchen zu bleiben, sind
schon verschwunden ...
      Feelings.
Andere Platte. Jetzt Percy Faith.

Wetterbericht

gut, gar nichts ist gut; zwei Mal
in den vergangenen Tagen bin ich vorbeigefahren
an einem Friedhof,
               und dieser Abdruck
der gelben Blätter auf dem Asphalt
kam mir vor wie eine zeitlich
unbeschränkte Prägung.
                    Was sind das
für Zusammenhänge, erst später ersichtlich,
kaum klarer, aber durch ein zufällig
gleichzeitiges Beobachten, oder gar nicht so
genau, durch ein unbewußtes Wahrnehmen,
doch vorhanden –
               Friedhof, Blätter;
überreizt sind meine stumpfen Sinne;
die Wärme Ende September und
Kreislauf, Brüche, ringsherum
                         – nein,
nicht nur Wetter. Wir kommen nicht zurecht
mit der Jagd, der Konkurrenz, dem Blackout
einiger Empfindungen, die alles zerstören,
was sie aufgerissen haben,
gestern und vorgestern, also vor Ewigkeiten,
vor Augenblicken, die noch gar nicht gewesen sind.

Spät, eine Platte mit Peggy Lee

Dies war ein Telefongespräch
in der Nacht.
Eine alte Freundin angerufen,
aber es war keine alte Freundin,
sondern eine heisere Stimme,
die ganz neu war in diesem Moment.

Daß sie schon schlief,
aber sagte,
bin jetzt ganz glücklich,
und sagte,
auf dem Bauch liege ich
quer übers Bett –
ja, dies und mehr
sagte sie, vertraut
mit meinen Problemen, die ich
noch gar nicht verraten hatte,
während sie schon verriet
die neue Farbe ihrer Augen,
alle die anderen Veränderungen
bis bald,
bis zu den kommenden Schrecken.

Andere Musik

diese Nebel-Musik, nein, diese Musik
im Nebel, was nun
              – gestern wollte ich sagen:
was für ein blauer Wind
                 (als ich, gegen acht,
zum Postscheckamt fuhr, im glitzernden Konvoi
auf der Rheinuferstraße; als ich
in der Innenstadt den Glanz
auf den Flächen der Domplatte sah,
die Tauben in den Fensternischen
und manchmal etwas wie Zuversicht und
gute Laune in den huschenden Gesichtern
unter den Ampeln; als ich unter
der schwarzen Glaswand eines neuen Bankgebäudes
stehenbleibend mich fragte, warum
sehe ich jetzt niemanden, der wie ich
diese plötzlichen Schönheiten in dieser Frühe
wahrnimmt,

           und als ich sofort weiter
fragte: habe ich überhaupt ein Recht,
so viel zu erwarten, vorauszusetzen
und zu sagen: ... der wie ich ...)
                              – Versäumtes
also von Gestern, aber es gibt ja
Zusammenhänge, trotz aller Unterbrechungen,
weshalb der Nebel
und diese Vivaldi-Musik im Oktober
aus einem alten Cocteau-Film
den laufenden Augenblick jetzt umgibt
ebenso wie das Notizen-Feld
des gelben Papiers auf einem Glastisch,
dazu am Telefon-Hörer
die freie Hand, sonst weil es zu spät ist –

Wälder

Heute lief ich in den Wäldern unten
am Fluß, und ich war glücklich über die Ruhe,
die Herbstsonne, die sanften Brennesseln und
die Kraft im alten Moos. Ich dachte
an den Abend gestern in André's Restaurant;
Hasenrücken und Rotwein; Gespräche über
Stadtwohnung und Landsitz. Der gute Kollege,
der beides besitzt und den Feudalbegriff nicht mag,
lehnte auch die Wälder ab, Spaziergänge, vor allem
Niedersachsen; er sprach von Politik. So meinte
er das aber nicht, sagte später das Mädchen
in seiner Nähe; blutig riß ich mich an Dornen.

Zum Beispiel die vergangene Woche

Was ist gewesen. Mitten im Oktober, die Blätter
hörten auf zu fallen; warme und grüne
Tage –
    »ich hatte einmal den Wunsch,
einige Tage in Boppard zu leben«
                    – in dieser Woche,
im Rhein-Tal unterwegs, schrieb ich einen Satz, für
eine ganze, ungelebte Erzählung. Dann
brach alles ab; die Herren eilten zur Tagung;
nichts zu erzählen –
              was ist gewesen. Es wird früh
dunkel; Lichter in den Büros; die Bräune
noch auf der Haut.
            Abends, der Schnaps brennt.
Ein Kollege beschreibt einen Selbstmord; er schreibt,
er selber wird das nicht tun.
            Nun gut. Wie weiter.
Eine Herbstfeier für die Tomaten, das Maisfeld, die Astern
und den Endivien-Salat;
         der Blick hinab
auf gelbe Gärten; zurück zwanzig Jahre, als
wir lebten unter den Pappeln am Bahndamm,
und die Panzer in Ungarn –
           Sonntagfrüh,
im Dritten Programm die Prager Sinfonie; Blitze
zogen über die Netzhaut, kurz
vor den Kämpfen des Aufwachens, im Traum.
Was läßt sich vergessen; hinter der Stirn
eine Bühne, ein Bildschirm voller Gesichter
in alter, bekannter Gegend –
            »erzähl mir,
was alles gewesen ist«
         – Stücke, zerstückelte Woche;
wer spricht mit wem. Die Blätter
fallen wieder, und es bleibt zu warm
für die Jahreszeit, hörte ich noch in der Nacht.

Zeit verging am Sonntagnachmittag

Dies waren die Wiesen am Fluß.
So verlief der Weg über das Feld.
In der Ferne glitzernd die Raffinerie.
Hier stand die Bank.
Es waren zwei Frauen, zwei Kinder,
vorübergehend im Gespräch.
Mehr war und geschah nicht.
Damals, vor einer Stunde.

Draußen, Stadtgrenze

Die fallenden Blätter; es ist das Geräusch
am Tage Allerheiligen. Letzte Bewegung
des Sommers, mit dem Geruch
der Chrysanthemen. Wir müssen, komm,
über die Friedhöfe gehen; die Erde
ist feucht, vorüber der Krieg.

Skizzenblock

Morgens in der Westluft, klar und blau,
der Geruch der Rheinischen Olefin; ich betrachte
das farbige Land hinter verschlossenen Fenstern.
Die Garagen öffnen sich; Mittelklassen unterwegs.
Kräne, hinter den Wäldern, blitzen auf; die Konvois
auf den Zubringern stehen. Wintersaat, einzelne Traktoren;
einzelne kreisende Vögel, zwischen den Reihen
der Hochspannungsmasten. In einer Seitenstraße, schwankend,
eine alte Frau, mit Plastiktüten am Fahrrad.

Angestellte, abends

Gleich ein paar Ecken weiter
soll es einen Griechen geben, ein Lokal so
mit Ouzo, Oliven, Käse und Retsina. Ich denke,
Mittelmeer in der Nähe, gehe mal hin, abends
mit einem sensiblen Mädchen.
Der Laden ziemlich voll. Theken und Nischen
mit Weinlaub; Flipper und Billard; ich suche
den Griechen, kein Grieche; vielleicht einige Jusos
oder Bund in Zivil, Paare im Freizeit-Look,
an der Juke-Box Leder und Jeans;
Jugendschutz, Cola mit Rum.
Wir machen gleich kehrt. Das Mädchen
sagt, sowieso, ich habe weder Hunger
noch Durst, und morgen der schwierige Frühdienst.
Na gut. Ich dröhne, Auspuff kaputt,
um die Ecke, von Ampel zu Ampel,
die Straßen sind leer,
heim in die Unterwelt der Garage.

Beim Betrachten eines Bildes das Betreten eines Hauses

Treppenhaus, 1935. Eine Ecke Holzgeländer mit Türe
zum Klo. Wir blicken in den Hof
auf Hinterhaus-Fassaden; es ist eine Zeichnung
von Werner Heldt. Wir hören nichts
als unsere Schritte, Schritte über Scherben, Schutt.
Dann kommen Stimmen aus der Mansarde, Stimmen
aus der Türkei. Ein grünes Sofa, ein Tisch.
Eingebrochene Wände; dies war eine Küche,
hier im Dunkeln geschlafen; baumelnde Kabel.
Wir blicken in den Hof, die Trümmer, und
steigen wieder hinab. Besichtigung unverbindlich.
Kohlezeichnung; Katalognummer 310.

Worauf wartest du denn

Im Regen; Endstation Linie 16. Müde
lungern Schüler am Kiosk; süßes, langes Zeug
in den Tüten; bald Mittag, und
die Bahn kommt. Die Fahrerin, kauend,
bleibt sitzen; die Schüler, drängelnd und stolpernd,
besetzen den halben Wagen. Am Kiosk, alleine
lehnt noch, in Stiefeln und Felljacke,
ein Mädchen, raucht rasch und schnipst
nach jedem Zug die Asche weg. Männer, langsam,
klettern in die Bahn und wischen gleich
mit den Ärmeln die beschlagenen Scheiben.
Nächste, nächste Zigarette. Der Mann im Kiosk
gibt Feuer. Das Mädchen dehnt sich lang
zurück und blickt hinauf, hinab
die Straße; zwei alte Frauen keuchen, kommen;
nichts. Die Männer hinter den Scheiben;
lutschend, blasend die Schüler. Plötzlich drückt
die Fahrerin den Türknopf; die Bahn quietscht
langsam um die Kurve. Regen noch am Nachmittag;
im Kiosk geht das Licht an.

Anderer Sonntagnachmittag

Schön im Licht des Nachmittages die Landschaft
hinter den Fenstern,
      übersichtlich und greifbar,
ein Spielzeug-Land. Menschen
sind jetzt keine zu sehen; so könnte es sein,
wenn wir uns alle erledigt haben, endlich
nach aller Liebe –
      Selbstgespräche. Geräusche.
Als ich zuletzt die Wohnung betrat, versteckte
ich das Telefon; wenn ich sie wieder verlasse, kommt

es zurück an seinen Platz; mein Name
steht nicht an der Tür.
                        Die Tage dieser Jahreszeit
sind neu, und etwas zwingt mich zu denken
an Mühlen, an Weiden
                        und Tage vor Jahresfrist.
Nicht lange her, da war es ein Stück Himmel, und
ich sagte: über den Kiefern preußischer Himmel;
was falsch war, im Regen, im Rheinland –
                                        Möglichkeiten,
vielleicht, einer Phantasie, die nicht ablenkt wie
das meiste Geschehen,
                        oder die Bilder sind falsch, und
man sieht nur, was man sich ausgedacht hat.
Aber das Licht dieses Nachmittages, die Bewegungen
eines wirklichen Himmels
                        – meine Augen filmen
für die Zeit, wenn sie alt sind.

*Abends; der Blick hinab auf die unregelmäßig
beleuchteten Vierecke der Fenster*

Die Kante eines leeren Küchentisches.
Eine Hand läßt eine Zeitung fallen.
Der Schatten eines stehenden Mannes.
Hinter dem Rücken einer gebückten Frau erscheint der Rücken
eines Mannes.
Rote Vorhänge. Rote Vorhänge.
Die Füße eines Kindes vor einem Kühlschrank.
Fahrendes Auto. Schnitt. Gesicht hinter den Scheibenwischern
der Windschutzscheibe.
Der Fuß eines Mannes drückt auf einen Knopf
auf einem Teppich; dunkles Fenster.
Der Schatten eines fliegenden Gegenstandes.
Ein Hund hebt den Kopf.
Das Halbrund eines Beistell-Tisches mit einer Flasche darauf.

Eine Hand nimmt die Flasche weg.
Bewegung von Licht, Taschenlampen-Licht, hinter einem Vorhang
Eine Hand stellt die Flasche wieder auf den Tisch.
Eine Lampe geht an, ein Vorhang wird zugezogen.
Auto hält vor einem Haus. Schnitt. Gesicht eines Mannes,
der durch die Windschutzscheibe nach oben späht. Schnitt.
Hausfassade, ein schwach beleuchtetes Fenster.
Kühlschrank. Die Hand eines Mannes öffnet den Kühlschrank,
greift eine Flasche heraus und schließt den Kühlschrank wieder.
Eine Hand greift nach einer auf dem Teppich liegenden
Zeitung.
Ein Kopf mit langen Haaren beugt sich über ein
Waschbecken.
Der Schatten einer hin und her gehenden Person.
Eine Frau steht vor einem Telefon.
Kleidungsstücke fallen auf einen Stuhl.
Ein Daumen drückt auf einen Fahrstuhlknopf. Schnitt.
Ein Mann verläßt einen Fahrstuhl und geht rasch durch
einen langen Korridor.
Ein unbeleuchtetes Fenster wird geöffnet.
Ein Kater springt auf die Fensterbank und bleibt dort liegen.
Mehrere Personen verlassen ein Zimmer.
Eine Türe wird spaltbreit geöffnet. Ein Frauengesicht
erscheint im Spalt. Schnitt. Umriß eines Männerkopfes.
Schnitt. Das Frauengesicht mit dem Ausdruck eines langsam
entstehenden Schreckens.
Mehrere beleuchtete Fenster ohne Bewegungen
hinter den Vorhängen.

Gegend mit einem Feldweg, der in einem Aquarell vorkommt

Erkläre mir das Kraut, den Pilzgeruch, die Farbe der Algen
an den Ästen, dort, am Saum der Eichen. Hier
in den Fichten weiß ich Bescheid, nach dem Wiedererkennen
der Zweige, zum Schnitzen eines Quirls –

                        Rufe; die Reiter

klirren im Nebel. »Sind Sie alleine?« »Ich bin
alleine, ausnahmsweise.« Es sind keine Zeiten
des Kampfes. Winkend vorüber. Es waren
Reihen-Abwürfe, man sieht das, im Dickicht,
an der Reihenfolge der Trichter –
                              nun dieser Weg
ins leere Feld, in die Fläche eines Aquarells, das
in der Küche hing, ausgestorbenes Haus –
                                    siehst du,
die Häuser am Ende des Feldwegs, zwischen
den Wiesen
          (wo aber nun fehlen
die beiden Frauen, gehend und schleifend
die langen Kleider im Staub);
                          so sieht es,
sah es aus: es war
ein Mittag oder Nachmittag, sicher
spät in Sommerzeit, sicher ganz still,
unser Jahrhundert –
                    worüber wir sprechen, gehend; näher
das Rauschen des Klärwerks; du meintest, das Meer.

Eine der vielen Geräusch-Erzählungen

Es war ein ruhiger Nachmittag.
Draußen, auf dem Korridor, hörte ich
eine Türe zuschlagen
und das Weinen einer Frau, das sich
langsam entfernte. Dann hörte ich die Türe
noch einmal, aber es blieb still.

Regen. In der Küche stehend, mit einem
Leberwurst-Brötchen

Auf dem Hügel stand das Maschinengewehr.
Daneben, in grünbrauner Tarnung, das Zelt.
Seit Tagen regnete es; es war
ein tiefer, leerer Himmel.
Der Junge kam zurück mit nassen Tüten,
Brötchen und Leberwurst.
Klirren im Zelt, das Stroh war naß,
ruhig die essenden Soldaten.
Einer winkte den Jungen ins Zelt,
schmierte ein knisterndes Brötchen für ihn,
sagte, keine Bomber im Regen.

Dieser oder ein anderer Abend

Kälte der Abende. Der Student
am Ende des Korridors hat eine laute Clique
hinter der Tür. Hinter den Schleiern
den Mond zu zeigen, suche dir
romantische Mädchen. Muscheln,
der halbe Balkon liegt noch immer voll Muscheln,
und über den Westwind Luft aus den Dünen.
Summt jetzt der Lift; kommende, gehende
Beziehungen. Die draußen bleibende Kälte.

Anfang im Dezember

Wieder früh dunkel, und ich weiß nicht,
ob es der Regen oder der Schnee ist,
knisternd in den Gärten.

Schneereste, heute morgen, in grauen Gärten.

Wiedergefundenes. Die getrockneten Blumen.

Verweht. Schicksalssprache.

Die Möglichkeiten dieses Abends, nur Wörter;
hier herein und dort hinaus.

Falsch lebend; mehr Ruhe in dieser Jahreszeit;
Titel wie Abgelegene Gehöfte.

Stürmisches, Anpassung und Widerstand der Baumkronen.

Wiedergefundene Fotografien. Und nun das Ufer
eines Kanals; das Profil eines Mädchen vor dem Himmel
mit Wolken; das eingestürzte Dach einer Fabrik.

Der Wind riß die Äste auseinander. Das Geheul
der hohlen Luft. Überschwemmungen. Entfernt,
hinter den Wäldern, die dunklen Personenzüge.

Es ist vielleicht sechzehn Uhr. In der Dämmerung
trinken wir Kakao.

Wiederholung von Sätzen mit dem Inhalt
ganzer Erzählungen.

Rauhe Schreie der Krähen. Dann kreisen sie ruhig,
beobachtend die Felder.

Einzelne Häuser. Einzeln beleuchtete Fenster.

Schneereste. Wirsing. Feldsalat. Stroh.

Und was wir Chausseen nannten, Fuhrwerke, Holzfuder;
in einem Bilderbuchland.

Taumel

René Magritte
Paul Nougé
Jean Grimau
Marcel Marien
Sechs Personen stehen am Rand des Kais.
René Magritte und Paul Nougé drehen sich um
und sehen mich an.
Jean Grimau und Marcel Marien wenden sich ab
und blicken aufs Wasser.
Jean Grimau steht auf dem Kopfsteinpflaster.
Marcel Marien trägt keinen Hut.
Antwerpen, 1938.

Die Polizei tappt offensichtlich im Dunkel

Fernsehen, Entführung, und was
der Sprecher sagt. Beschäftigt bin ich
mit der Möglichkeit, daß du kommst,
mich zu töten. Hörergrüße, von Mir zu Dir.
Und noch ein Foto, auf dem
zwei Personen verschwunden sind. Schnee,
gute Zeit ohne Spuren mit Schweigen;
ach, diese Chöre, die Kinder.

Die wunderbaren Jahre

Wie sie der junge Truman Capote erlebt hat.
Wie sie die Tochter von Reiner Kunze erlebt hat.

Die Jahre unserer Kinder, von denen wir
nichts wissen.

Als wir miteinander lebten. Ich wollte dir
meine Geheimnisse zeigen.
Von deinen Schrecken kannte ich zu wenig.

Nicht mehr, später wieder, davon sprechend.

Vorstadt

In den leeren Straßen. Ich frage mich,
was Architektur ist, was Blumenkübel sind, was
ist ein Parkplatz. Es ist kalt, und
es ist kalter Abend. Menschen keine; Stille
ist nicht zu erfinden. Vor einem Schaufenster
stehend zähle ich 47 brennende Lampen.

Gib acht und komm gut heim

Es regnet jetzt, und die Straßen vereisen.
Wir warten, versuchen weiterzukommen,
bis wir in den Häusern verschwunden sind,
ein Nachmittag gemeinsamer Probleme.

Stadtgespräch

Das Mädchen las mir Gedichte vor, durchs Telefon,
ein bißchen betrunken, und ich verstand
anfangs wenig. Mit Landschaften
hatten die Wörter zu tun, mit Fotos
und leeren Himmeln, und ich merkte,
die Gedichte waren von mir.
Was sollte ich sagen, ziemlich müde,
einige Schnäpse zuviel, war das nun
kommunizierbar? Vielleicht hätten wir uns
treffen sollen, zusammen essen, spazierengehn,
die Wörter schafften es nicht.
Nächtliche Monologe, ich hörte noch zu,
falsche Betonung, nein, unbestimmter Artikel,
nur gut, daß nicht London oder Berlin.

*Zur Erinnerung an die Bestellung eines Kataloges
in der Buchhandlung König*

Andrew Wyeth lebt auf dem Land
und malt seine Nachbarn,
Leute mit Geduld,
im Jahr drei Bilder, Tempera.

Jemand, Kollegin, ist plötzlich gestorben;
was war denn; wir wissen es auch nicht,
gestern noch am Telefon,
Rückfrage, dringend, Termin.
Die Büros werden leer.

Im Lift die Leute, Plastiktüten,
schweigend und gesenkt der Blick.
Die leere Tiefe des Korridors,
Lautsprecher dröhnen hinter den Türen.

Der Blick über das dunkle Land,
die Raffinerie, die glitzernde Autobahn.
Die seltenen Farben Tempera, Geduld und
das schwierige Handwerk des Vaters, der Söhne,
und das Gerücht der Einfachheit.

Keine Laune für Mitteilungen

Was wollten Sie wissen? Im Augenblick interessiert mich
der Rauhreif, das kahle Geäst; hier könnte ich,
ganz ohne Stottern, einmal von Strukturen
sprechen –
        nein, abends der Kopf ist zu voll
zum Denken; die Dunkelheit zieht mich an,
schwarzes Gewässer; und ich horche nach draußen,
das Fauchen der Küsten –
                buchstabieren Sie nicht.
Nie half ein Begriff. Erzählen Sie etwas von
Leiterwagen, Bohnenstangen und Lauch,
für Ihre soziologischen Kinder –
                nachts, wenn
Tiere mich bissen, wild auch mein Körper,
und die Nerven schlugen zurück. Wollten Sie
weiter fragen –
        ich sagte, im Augenblick, und was
mich beschäftigt, etwas Natur, mit den Gewichten
der Müdigkeit. Verstehen Sie, ich will atmen –

Vor Weihnachten

Das Land, nicht lange, lag verschneit. Tage
des Zweifels, bis die Schwärze wiederkam,
häßlich und normal.
Die kurzen Möglichkeiten des Vergessens,
Stunden ohne Spuren; die Krähen saßen
ganz ruhig. Wörter: Wolle und Holz.

Anderes Jahr, andere Jahre

Eines Tages, wir werden an uns denken, vielleicht auch
das große Rendezvous, und wir werden
erzählen:
   als wir etwas anfingen,
nicht weiter kamen, verirrt; die Zeit der Kriege,
wir verletzten uns, wir flohen;
       Städte, Wohnungen
wechselnd, suchten wir das Heimathaus und
hinter den Hügeln die Ruhe; weiter, enger und
schwieriger übersehbar wurde die Umgebung, bis sie,
mit Luft und mit Wald, kaputt ging;
         die Nachmittage
zerschnitten von Sägen, im Westen durchzogen
von hellen Streifen; die Nachmittage in einer Ebene
mit Schlaf, der in grünen Bildern zerging, oder
zurück in die Muscheln floß;
       Tränen und Steine,
umsonst, ich versuchte sie aufzuwiegen, versprach
zu versöhnen, log und log nicht;
       Jahreszeiten
in Gärten, im Hochhaus, am Bahndamm, als
wir tranken in der untergehenden Sonne, bis
in den Abend klirrten die Gläser, nachts
blitzten die Scherben;

                    im Sand, im Schnee
versinkend und weiter;
                    aufwachend, im Spiegel
entdecken wir die Jahre in unseren Gesichtern,
langsam, dann plötzlich die Neuigkeiten
des Alters;
            Blätter fielen vor unseren Fenstern;
was pflanzten wir, was gruben wir aus;
die Bäume, mit denen wir lebten,
überlebten uns;
                Zärtlichkeiten, der Haß;
Schaum der Treue, die dicke Luft der Solidarität,
und wir suchten neue Wörter wieder,
andere Stimmen, bis wieder die Türen schlugen
und einer ging;
                was lernten wir, was
ist zu sagen, denn zum großen Rendezvous
werden wir nicht kommen, herumzustehen und weiter
zu schweigen;
            erzählen, es gibt doch, gab doch
das Wetter, den Morgen, den Fluß; wir sahen
Sonne und Downtown, Sterbebetten, Märsche
und Tempel; zum Riechen gab es Algemarin,
Baccara, Teer und Mundgeruch; wir schmeckten
Muscheln und Kirschen, Lebertran, die Blutwurst;
das Husten des Nachbarn, wir hörten, kühle Musik,
den summenden Lift, rauschende Züge, Regen
und den Schritt des Postens, wir lauschten; nachts,
wir tasteten uns vor und zurück, wenn die Angst
kam, wir hielten uns fest, der Sturm
schlug aufs Haus;
                fließend, wann oder bald
eines Tages, fließend ein Film
aus unseren Köpfen, zurück, nach vorn, Delta
der Bilder, im Augenblick des Verschwindens.

Nachmittag, bald Feierabend

Was noch zu tun? Im Türrahmen lehnt
die Sekretärin; wir rauchen und schauen
hinaus in den dunklen, nassen Nachmittag.
Im Sauerland schneit es weiter; Jamaica,
erzählt sie von der Kollegin, Jamaica; fahren Sie
Karneval weg? Da wären noch Briefe, morgen,
ich stelle das Diktiergerät ab, nein, der Kaffee
war nicht zu stark. Nebel, gefrierende Nässe, Sorgen
mit der Batterie; der Kollege gestern hat immer
gehustet. Noch was zu tun? Wir schauen hoch
zur Uhr. Am Sonntag, erzählt sie, klaute mir
doch einer die Bretter; vielleicht, sage ich, vertauscht,
rufen Sie mal im Hotel an. Vier Wochen, da ist,
Jamaica, schon der ganze Urlaub futsch; Karstadt,
neunzehn Mark nur, fährt uns hoch mit Bus
auf den Kahlen Asten. Lifte? Lifte. Nachkriegswinter,
fange ich an, im Thüringer Wald Bäumchen, Brennholz
auf Skiern geholt, und den Stemmbogen fuhren wir
so. Wie so? Na eben so. Wir rauchen weiter
und schauen hinaus; nasse Straßen; neuer Mantel?
Sie rauchen zuviel. Sie aber auch. Vielleicht mal
Vancouver, ich sage, warum nicht, natürlich Vancouver.

Barometer

aufwachend, zuerst sah ich gar nichts,
an diesem Industrie-Morgen nichts. Trotzdem ganz heiter,
kleine Aspirin-Hilfen, und außerdem kam
aus Hilversum *Cherokee,* alte Nummer,
alter Rhythmus wie 45 im Sommer, Rudi Jauernigg,
Fliegerstiefel, Wurlitzer Orgel.
                        That Summer,
ich lernte die ersten englischen Wörter. Aber

daran dachte ich nicht, jetzt nicht; ich war,
sagen wir irgendwie, eher glücklich
über Hollands Nähe. Kleines Land, so viele Sender,
und viele Wörter zu verstehen. Und hier, mit See-Luft,
der Himmel flach wie dort.
                          In meinem Studio dann
hörte ich Dialoge »aus dem tiefsten Mecklenburg«.
Der Junge redete wirr, ganz privat. Die Dame, einsam,
eine Platte mit Chopin. Der Junge wollte nur
Enten zählen. Nanu, kein Aufbau, Fortschritt? Nichts,
nur Inneres,
        und dort wie hier der Trend? Ich telefonierte
mit Frankfurt, Verleger, was gibt es, gibt es Stücke
von Thomas Brasch; las ein Stück Vita, Jahrgang 45, Vater
Mitglied des ZK, Sohn Exil, West-Berlin;
                                        ich stelle mir vor,
Köln-Ehrenfeld Exil; die Altstadt, Heumarkt
hinter der Mauer –
              plötzlich schlechte Laune; Bundestag
auf allen Wellen, bedenkenswert das englische Beispiel,
kein TV im Unterhaus, common sense, man muß ja
verlieren die Lust an der Demokratie, das da, so was
zu sehen, zu hören!
                     Nachmittag, der große Schnee.
Der Schnee kam langsam nachmittags und deckte
den Lärmpegel Straße zu. Ich sagte: werden wir
glücklich und ruhig –
                aber unten, unsere Autos,
also, was willst du haben: den Schnee
oder Tempo 160 –
              ich sitze abends
am Glastisch und weiß es nicht, was wäre jetzt eine
Entscheidung, Deutlichkeit unter den ziehenden Nebeln,
sage mir einer, da weiß ich mehr –

Januar, Bergisches Land

Da blitzte die Ebene auf, als der Wind
den Himmel einmal aufriß. Die Augen taten mir
weh, und die Glocken dröhnten hinaus
über den Hügel. Ich trat in die leere Konditorei
ein, Flaschen funkelten. Der Spiegel zitterte.
Mit den Schneeflocken kamen in dunklen Mänteln
die Kirchgänger, und sie gingen schnell
über die Treppen, in die Seitenstraßen. Schloß
und Berg verschwanden im Dunkel des Mittags.

In Erwartung des Hochwassers

Palanter Straße, Straße in besserer Gegend, also,
sagte der Taxifahrer, wir sagen
Palanter Street. Verstanden? Yes,
sagte der Kellner und schob die leeren Gläser zusammen,
vier Mann an der Theke, Anni dahinter,
der Sturm, und stündlich stieg der Fluß.

Wie schnell wir sprechen und leben

es war Abend, und ich wußte
noch nichts, als ich es wiederfand in der Zeitung,
das Gedicht vom *Nachträglichen Abschied*.
Nun blieb ich sitzen, horchte
auch und fragte zurück, was war denn,
was ist vergangen –
               (»wir sehen uns bald,
wir werden reden«)

      nun gut; weiter in der Zeit
des Konjunktives, bis wir, genauer,
wissen
  (und haben viel zu tun). Und
dann der Tag: ich fand den Zettel
im Büro; das Telefon ist schnell,
und schnell die Fragen, Daten, Wünsche
zwischen unseren Terminen
       (zwischen
unseren Gespenstern) –
      getrennte Leitung;
nächste Verbindung und bitte sofort; im Ohr
noch letztes Wort, ungefähr wie
Doppelleben –
    Orte, Häuser, Tische im Wechsel; Probleme
des Abschieds, der Wörter in diese und jene
Richtung,
  so haben wir gelernt,
gelernte Balance und selten einmal ganz still.

Freizeitwert im Januar

Samstagmorgen. Nun hetze doch nicht so. Ich
bleibe länger in der Badewanne liegen,
hätte zum Friseur gemußt, Glühbirnen
und Reinigung, Lüttich wäre nahe,
Flohmarkt; Hügel hinter den Fenstern.
Langsam, ruhig Frühstück. Die Augenlider
zittern; zu lang am Tresen in der Nacht.
Der Traum von Wiesen und Klavieren.
Car-wash. Stüssgen oder Kaiser's, Sog
ins Sonderangebot; was brauchst du denn
nun wirklich. Eigentlich wollte ich atmen
und gehen, der Wald, der Wintertag, und
nun, der Rauch der Woche, ich muß husten.

In der Dämmerung

Größeres Waldstück. Eine Schneise mit Hochstand
und Zäunen; in der Erwartung,
daß ein Posten jetzt ruft, gehe ich ruhig
weiter. Warum, in meinem Land, erwarte ich den Schlag,
den Scheinwerfer, Kontrolle, Reitende
Mädchen und Männer ziehen auf ihren Wegen
zum Club, zu den Ställen. Hunde,
in den Kojen, heulen im Waldtierheim.
Dämmerung. Zwischen den Bäumen blinken
Peitschenleuchten auf, es ist die schmale Straße
zum Pumpwerk. Ein Wagen nähert sich,
verschwindet und wird still. Stolpern,
Maulwurfshügel; zwei Lodenmäntel warten
am Rand des Wildackers und flüstern,
wir stehen und flüstern. Ich habe Vertrauen
zum Geräusch des Flughafens, der Autobahn.

Die Rückkehr des Schnees

– noch so ein Satz: »die Landschaft
liegt im Nebel«;
               und ich habe ein Papier
auf dem Tisch, das alles weiterhin regelt. Nun
könnte ich auf und fliegen . . .
                              liegenbleibender Satz;
der Titel DIARY von Ralph Towner.
                         Das Jahr bewegt sich
noch ohne Spuren, bislang. Nachts, Sturm und warum,
schwirrendes Licht, fragen.
                   »Dark Spirits«
Sollen keine Gedichte sein, in der Nachtversorgung
des Rundfunks.
             Meine Schallplatten sprechen

mich an. Minuten-Ereignisse, lange Erregungen
und stilles Telefon.
                    Warte nur,
Interview. Nein, ich frage nicht.
                              Oder doch.
Die Leute schießen wieder. Einige zögern. Jetzt
mußt
    du was sagen, jetzt du was. Als
wir in weißen Mänteln ausgingen, flogen
wir fast; half kein Wind, atmen,
dann husten –
               fünfzehnhundert Meter hoch
der Schnee, der dann langsam herabkam.

Am 21. Oktober 1944

Gestern abend ging es nach Aachen.
Wir sprachen dort über Probleme.
Ich erzählte, ich wäre gern
gleich weiter gefahren ans Meer, nach Ostende.
Wir wollten noch essen gehen, Muscheln,
täglich Küste, kutterfrisch.
Aber wir sprachen über Probleme.
Frage: was schreiben Sie immer
über Pappeln und Ihre Umgebung.
Und, warum lassen Sie mir nicht
meine Erfahrung.
Was trennt Sie, Ihr Alter, von uns.
Wir sprachen vom Jahrgang, der Stunde,
Proust und das Horoskop.
Nachts, ein Mädchen mit am Bahnhof,
und ich vergaß zu erzählen
von einem Foto, Aachen
existiert nicht mehr, alleine
ein Soldat, hier
in den Trümmern von Bahnsteig Drei.

Nebenan

Du blickst aus dem Fenster,
Nachmittage, du rauchst, im Radio,
immer zu laut, Klavier-Programm,
trotzdem, manchmal höre ich, du singst.

Du sagst, ich bin nicht da,
wenn draußen das Telefon geht,
und ich glaube es dir wirklich,
nur kenne ich dein Versteck nicht.

Im Februar, etwas mehr Licht

Müde gingen wir aus den Büros
und fuhren in den Supermarkt.
Alte Leute kamen vom Fluß,
erzählten, wie
das Wasser, langsam, fällt.

Einen friedlichen Tag wünscht der Redakteur am Mikrofon

Sag was. Erkläre mir wie. Zeig eine Richtung
und gib uns eine Chance. Morgenröte fließt aus
den Nebeln über die Industrie. Die Ungewißheit
des vergangenen Abends dauert an; Nachrichten
treffen ins leere Zimmer. Wie war die Nacht;
schneiten die Zweifel im Traum zu? Fange etwas
ohne zu fragen an. Überall in der Stadt gehen
jetzt die Garagen automatisch auf. Mein Land
ist offen; die Schutzräume reichen

für drei Prozent Bevölkerung. Frühmusik, wir könnten
tanzen. Oben der Wind, für eine Weile noch,
fängt die nahende Wetterfront ab. Kein Tagebuch,
geh nicht vor den Spiegel. Small talk; Gedanken
auf der Flucht nicht erschießen; sie kommen zurück.

Die Hölle, sagte Sartre, das sind die Anderen

L'heure bleu, könnte sein, aber es ist
der Heimwerker, der nach seinem und meinem Feierabend
die Stimmung macht. Machtlos dieses ganze Haus,
siebtes, elftes, vierzehntes Stockwerk; der Mann
bohrt in den Wänden, und man sieht
ihn nicht. Falls ich ihn sehe, werde ich,
werde ich nichts. Wie immer, Beschwerde geht
ins Gedicht, das großen bleibenden Lärm macht.

In einer Nacht

Am Himmel bewegt sich ein Licht, das kein Stern
ist, ein Flugkörper, glitzernd, verschwindend
und wieder näher, ich weiß nicht; Sätze,
blättend in einer alten Zeitschrift, Sätze
gefunden aus besseren, schlechteren Zeiten, vergessen
und vertraut; es wird nun ganz dunkel und
die Stimmen dieser Jahre sind gelöscht.

Andrew Wyeth malt ein Geräusch

Wintermorgen, Pennsylvania.
                                  Zwischen den braunen Hügeln,
die Scheune von Kuerner's Farm; die Nähe von Quelle
und Bach.
         Dies ist das Bild:
die Milchkammer,
zwischen den Wänden die steinerne Wanne,
in der Wand unter dem Fenster ein Hahn,
aus dem das Quellwasser fließt,
das Wasser fließt über den Rand der Wanne,
über der Wanne ein Brett,
ein Topf auf dem Brett,
rechts an der Wand eine Stange,
an der ein Eimer, ein Haken hängt,
hinter dem Fenster ein Raum mit zwei Fenstern,
durch die man Kühe, Zäune, Zweige,
Schneereste, Schatten und einen Hügel sieht
                                        – es ist nicht
ein bukolisches Bild, sagte der Maler. Seine Aufenthalte
auf Kuerner's Farm haben ihn hellhörig gemacht
für die Verschiedenheit der Geräusche.
                                            Eines Tages
wurde mir bewußt, daß hier immer Wasser läuft.
Ich ging in die Milchkammer, und hier war
das Rinnsal, das aus der Quelle
quer über den Hügeln herabkommt und
über den Rand der Wanne läuft.
                                    Still an der Wand
der Eimer, hing wie ein Helm.
                                       In meinen Studien,
sagte der Maler, tauchte für eine Weile
Mrs. Kuerner auf, aber sie wurde überflüssig und
verschwand aus dem Bild.
                                Was wichtiger war, ein Gefühl
für draußen, die Winterhügel und das endlos
von den Hügeln rinnende Wasser –
                              ich hörte,

wie es rann und rann. Und dann
der Weg der langen Schatten draußen im Gelände,
im Korral das Scharren der Hufe des Viehs und
der hohle Klang des Metalls, der Eimer.
         Dies der Grund,
es zu tun. Jedes Ding ein Geräusch,
         das er malte
(ich war erregt, ich konnte hören), alles
im Bild mit Eimer, Kühen, Schatten und Wasser.

Undsoweiter, Stimmung dieser Tage

Wolken kommen von Westen; wir gingen zur Küste
vergangenes Jahr.
      Wärmere Tage?
Heute; Tankstelle, Banken und Redaktionen
geschlossen, im Rheinland Karneval, und
ohne Benzin ich komme nicht weg.
         Ich rufe
Freunde an: Jutta ist weg nach Paris.
Viele blieben weg.
       Kältere Tage
kommen zurück ins Frühjahr; am Fenster
stehend denke ich an Frühjahr, Fensterputz,
Paris, und sehe Muscheln, Steine liegen
auf der Fensterbank.
      Bleibst du allein?
Telefon; ich wollte euch sehen. Ich hatte
einige Fragen. Ihr kennt
doch einige Probleme. Kennst du Paris? (Du weißt,
die Photos von Atget)
      – hinter
dem Rand dieser Wolken.
      Ich komme
nicht weg; heute geschlossen; Freunde, Jutta,
viele sind weg.

                    Du hattest Probleme? Am Fenster
stehend, sehe ich Wolken kommen,
                                    andere Tage,
sehe ich nichts; die Fenster werde ich putzen.

Wiedersehen nach längerer Zeit

In diesem Dorf, diesem Vorort geht es
gut weiter. Die zweite Anbindung an die Autobahn
hat die Hauptstraße entlastet; Platz für
die Mofas der Kinder. Der letzte Bauer
verkauft nacheinander seine Parzellen;
über den Quadratmeterpreis wird nur gemunkelt;
auf der Bachaue jetzt ein Sportpark
mit Kegelbahn, Tennishalle und Discothek.
Der Pfarrer kämpft gegen den Unternehmer,
der sein Mietshaus genau auf die Grenze
zum Kirchgarten gesetzt hat; wie es passieren
konnte, versteht keiner, der nicht
die Beziehungen des Unternehmers kennt.
Einige leerstehende Häuschen, vorgesehen
zum Abbruch, mit den verwilderten Gärten
drumherum das Gelände für den dritten
Selbstbedienungsmarkt. In der Luft immer
das Geräusch der Autobahn; mit ihrer
haushohen Trasse umgibt sie den Ort
wie ein Wall, wie ein Damm
gegen Feinde und Katastrophen.
Immer noch, von morgens bis abends, sitzen
hinter der großen Frontscheibe des Altenheims
alte Frauen. Einige schlafen; eine schüttelt
den Kopf; einige warten auf Sonntag und Besuch;
eine winkt, auch wenn niemand vorbeikommt.

Über der Stadt

Geschiebe des Himmels, und plötzlich
sehe ich eine silberne Stadt.
Die alten Maler kannten die Engel,
die sie hier malten,
den fröhlichen Flug über den Ebenen
der Dunkelheit. Masken tanzen
unter den Dächern hervor,
den Winter zu schrecken, zu treiben.
Der Wind treibt weiter die Luft,
die unsichtbaren Fahnen des Öls.

Im Schatten der Hochhäuser

Die Leute unten haben schlechteren
Fernseh-Empfang. Ihre Kinder, die kleinen,
schießen den ganzen Tag; die größeren
schaffen mehr noch mit ihren Mofas.

Die Leute unten leben in der Nähe
der Wiesen, die mit leeren
Fläschchen und Päckchen, Kippen
und Hundekacke bestreut sind.

Die Leute unten haben weniger Himmel
und zahlen weniger Miete; sie sparen
für Fertighäuser auf dem Land, wo
die Autobahn nahe,
das Kraft- und das Klärwerk im Bau
und der Fernseh-Empfang klar ist.

Angestellter, nachmittags

Der Nachmittag bietet an: du kannst jetzt
spazierengehen. Die Sonne versucht es
nochmal. Die Schneeglöckchen klingeln,
frisch riecht die Erde. Hunde laufen
an der Leine. Die Gastronomie ist bereit.
Warum gehst du nicht spazieren?
Den ganzen Tag ohne Bewegung; man sieht es
dir an. Pfade gibt es im Wald: hier
bücken, da strecken, dann hangeln,
jetzt hüpfen. Laut und frei
kann man husten. Überall Bänke,
Abfalleimer und Häuschen für Picknick.
Geh doch spazieren. Spann aus und schnall ab.
Alle sind schon beim Tennis, reiten und schwimmen
in den Hallen. Du wirst morgen fit sein,
baust mittags nicht schon ab, schlummerst
tiefer in die Nacht. Also was ist?
Der Nachmittag bietet an, und du hängst
schlaff am Fenster und schläfst auch schon ein.

Aschermittwoch

Büchsen, Becher rollt über den Domplatz
der Wind. Meine Schulkameraden
kamen mit Kreuzchen auf der Stirn.
Was ist nachzuholen mit einer Kerze
für die Madonna in den Trümmern.
Eine dunkle Wolke von Tauben wendet
zwischen den Türmen und wird weiß.

Wasserstandsmeldung

In der Dämmerung noch einmal draußen. Wir bleiben
ein Regengebiet. In einigen hohen Fenstern die Röte
des westlichen Himmels. Viel Verkehr unterwegs
auf den Straßen zum Fluß. Ich trug
eine leichte Jacke und ging ohne Geld.

Mein Kopf war nicht klar. Ich fragte, warum
es nicht ohne Zwänge oder Kompromisse geht.
Ich weiß, ich lebe zu teuer.

Mit dem Regen war wieder die Flut gekommen,
die Furcht der Leute in den Ufervillen; damals,
als das schwarze Wasser in die Küchen kam.

Dies sind einige Urlaubstage, und heute
war ich beim Friseur. Die Bank, auf der ich
gestern saß, ist im Fluß verschwunden.
Stumm mit den Anderen stand ich am Wasser.

Wir standen und sahen nichts. Versäumnisse
fielen mir ein, die nicht gutzumachen waren.
Ich zögerte, weiter ins Dunkle zu gehen.
Die Leute sagen, wo das Wasser einmal war,
kommt es auch wieder hin.

Vor den neuen Unruhen

– einschlafend, aufwachend. Es waren
Jahre oder Minuten. Momente eines Films, Trümmer
einer alten Fabrik.
                    Ging das Telefon?
Ich sitze und rauche. Über Vieles wäre zu sprechen;

die Verwirrung ist groß, bei mir, bei dir,
bei anderen Leuten, im Parlament.
                              Kann dir nicht schreiben.
Die einfachsten Dinge, was ist damit.
                                    Ein Streit,
vergessen wir Streit; wichtiger wären Argumente
gegen die Kernenergie, und ich sage dir, ich gebe
der Wut der Bürger recht.
                       Warum, erkläre es mir,
warum immer Träume von Trümmern? Aber
das sind Gefühle, und du weißt (du kennst
unseren Streit), so lernen wir nichts.
                                     Schlimm ist,
daß keiner Bescheid weiß. Ich kann dir nichts sagen;
ich sitze und rauche.
                    Ging das Telefon?
                                     Und
habe Angst. Das Für, das Wider; die Steinzeit
gestern oder morgen; ich werde mal fragen
am Tresen –
           was willst du, was sind unsere
Wünsche, wer weiß Bescheid?
                          Oft kann ich nicht
schlafen, der Schrecken vor und nach den Träumen,
und ich schlafe ein –
                    ging das Telefon?
Wenn du es warst, den Streit kannst du
vergessen
        (du kennst die einfachsten Dinge,
ich kann sie nicht sagen)
                       – du weißt,
so lernen und machen wir nichts.

Moratorium

Es gibt neue Nachricht; man will
verhandeln. So wäre zunächst
kein Krieg. Das Frühjahr kann kommen.
Iris und Krokus
besetzen das leere Gelände. Wie
sieht es aus im Sommer; bis dahin
sind Zäune vom Efeu getarnt
und wächst die Abschreckung der Rosen.

Stadtautobahn

Im Rückspiegel die Stadt,
im gelben Glanz der niedrigen, sinkenden Sonne.
Dichte Kolonne, absolutes Halteverbot,
und ich konnte nicht stoppen,
in Ruhe zu betrachten das unbekannte, plötzliche Bild.
Jetzt gibt es in meinem Leben
diesen Samstagnachmittag,
an dem ich einmal ganz anders, unwiederholbar,
hätte sehen können
die alte Umgebung, den gewöhnlichen Himmel.

Kneipe, zweiter Abend

Sehr gut, diese schielende Kellnerin, sie
kannte mich wieder, so
lud ich sie ein, sie sagte, später.
Später blieb sie hinter dem Tresen,
trank andere Schnäpse
und würfelte immer mit Wilfried.

Wieder im März

Länger war Ruhe, insofern, wir schossen nicht
hin und zurück.
            Ihr anderen, ihr könnt jetzt
aus den Wohnungen gehen und
den Märzregen riechen.
            Warum ich noch
da bin, vielleicht das Opfer von Jemand,
der zögert –
            jedenfalls glücklich,
als ich heute hervorkroch
und den ersten grünen Strauch wiedersah.

Konferenzen, etc.

Zuviel geredet, nun sitzt du
mit leerem, verrauchtem Kopf; Zeiten gab es,
in denen alle dreißig Minuten ein Wort
tropfte und die Welt traf
            (und klar, alles
würde dann anders) –
            Pläne, Projekte;
die Meldungen gehen noch nicht hinaus;
du weißt, daß du mehr weißt
            (mit leerem
Kopf) –
      Zeiten kommen, dann ist
jeder mit jedem verkabelt, und ich höre
dein Herz und du siehst, wie ich schwebe,
verschwinde im Äther –
            Tage gab es,
in den Wäldern, daß wir stehenblieben
und schwiegen
            unter dem trommelnden Specht.

Wir in unserem Hochhaus

Plötzlich abends eine Sirene,
und weil vor ein paar Nächten
wieder die Sirenen gingen
in einem wüsten Traum, dachte ich,
na du träumst –
          (und ich dachte auch,
so geht das ja nun nicht, daß ich
schon nicht mehr weiß, ob Traum
oder nicht)
          aber nein, war kein Traum.
Ein paar Leute sah ich
an die Fenster kommen, und ich sah
meinen Nachbarn auf dem Balkon,
meinen Nachbarn
          – nanu, den kenne ich doch?
Ich kenne, jeder kennt sie, einige Zeitgenossen:
den spanischen König, den bayrischen Nationaltorwart,
Herrn Honecker und Mister Carter,
die Korrespondenten der ARD –
          den Mann nebenan
kenne ich nicht. Aber
es gibt ja Sirenen und sicher einmal,
daß etwas passiert. Dann stelle ich mich vor,
beim Sprung, im Schutt, auf der Flucht.

Am Stadtrand, Militärringstraße

Diese Männer abends auf den Wiesen,
vorbeifahrend sehe ich
den Ernst und die Wut beim Ballspiel,
sie könnten gut kämpfen,
und sie kämpfen ja auch
bis zum Dunkelwerden
vor der brennenden Front der Forsythien.

Am Tag, als das Auto kaputt war

Gras und Gesichter sah ich, Fetzen des Schlamms
im Ufergesträuch, am frühen Abend, als ich
müde ging
         – weil Risse im Zylinderkopf,
nahm ich den Weg durch Grünanlagen, Gelände
der 70er Forts, zum Ufer hinab –
                                  was alles
machten, sagten und dachten wir heute? Rauschend
der Berufsverkehr auf den zitternden Brücken, nun
in die Routine des Abends –
                             aber frisches, neues
Gras in den Ritzen des Gemäuers; ungewohntes Gehen
auf glänzendem Pflaster, blank
nach den Fluten der Schmelze, und ich spürte,
die Möglichkeiten der Sinne gibt es –
                                      Gesichter
wie meins, wenn ich sage: es läuft so
und läuft; Gesichter schaute ich an
in der Luft, die etwas versprach wie Blütengeruch,
und einige bewegten sich wirklich –

Wiedersehen mit einem Feld

Manchmal, in der Dämmerung, brachen wir
ein paar Maiskolben ab, und wir erinnerten uns
an die gelben Reklame-Gemälde
auf der hölzernen Promenade von Coney Island.
Im letzten Herbst
räumten noch einmal die Krähen ab,
dann kamen die Bagger.
Reste einer Pappelreihe, fanden wir noch
hinter den Halden aus Sand und Kies;
am Rand der Schlucht, der Gruben,
blicken wir auf den Grund des Meers.

Unvorbereitet, wie wir sind

Sieben Grad minus; in einer Märznacht
kommt Etwas
wie Vergessenes wieder, weiß und unerwartet;
wir hatten schon angefangen
zu leben
wie einmal im Sommer, als
der Frieden warm und gewiß war; nun,
in den Gärten, fangen wir zu räumen an
die plötzlichen Trümmer der Magnolien.

Wartezeiten

Im Bunker übt die Regierung; es wurde noch
kälter am Nachmittag; meine Frau näht
an die Ärmel des alten Pullovers
Herzen aus Leder; spazierengehend kam ich
vorbei an der Sprengkammer unter der Brücke.

Zum Programmschluß die Nationalhymne

Ausgedachtes Leben; Modelle zum Spinnen,
nachts, nach einem weiteren Chivas, denn
wozu sonst der ganze Run, täglich,
nach Dienstweg und Programmschwerpunkt,
sind wir dabei und da drin?
Gelassen, Kollegen, blicken wir hinaus
in den Park, bewahrend die Ausgewogenheit;
wie fanden Sie gestern Lothar Loewe?
Gestern, also vor zwanzig Jahren, fang nicht

wieder an von Cordhosen und Fahrrad,
dein britisches Hardtop steht dir ganz gut
und du weißt es. Erzähltest du nicht
deinen alten Freunden vom Widerstand, vom Willen
zu Allem ganz Anders? So ging es weiter;
andere Sprache, alternd die Sprecher. Grau,
mit den Ausreden der Krise beschäftigt, blieben,
nicht alle, die Sprecher, einige abgewandert
ins Off; wir gewöhnten uns mehr
an die Meldungen aus der schalltoten Kabine.
Und standen auf der Wiese; mißlungen,
der Rasen, aber Birken überm Haar,
beim Nachbarn glühte der Grill. Kam einer,
brachte *Interview,* Out, still Out,
with Bob Colacello; ach, andere Frage,
warum nicht die Farben der Republik
am Parka? Dann lenkten wir ab, der Talk,
der Tratsch; ich dein und du mein Medium;
wer blieb unerwähnt, so rasch schon vergessen.
Aber, soviel telefonierten wir nie; später,
kein Briefwechsel zum Sammeln, und leider,
auch Sie hörte man nicht ab, wenn nicht,
Sie hoffen noch auf Verfolgung? Vorerst
Affären; wir wanderten ab in versteckte Hotels;
knallende Türen, gesprengte Ehen;
nachts Tränen ins Kissen, tags künstliche Wimpern;
Gewisper auf den Korridoren und geben wir uns,
was eine Chance ist, sagen wir, bis nach dem
Urlaub im Sommer. So fauchten die Feuer,
dann quietschten die Reifen, dann Abflug und
Breakdown; wir alle hatten Sie ja gewarnt.
Genügend Notizen, gelungene Statements, Diktat
und Protokoll? Türen zu bitte, laßt mich
jetzt mal allein, runter mit den Rouleaus;
mit dem Rest in der Flasche gewinnen wir wieder
Durchblick; schön flimmert es in den Abend.

Zeig mir die Saison

Mehr Kälte im neuen April, so preise
dieses kalifornische Rot; ich meine
die abgepackten Radieschen. Radio
wie im Sommer, bei offenen Fenstern,
wenn es so wäre, so war es, und
der Sturm schob ins Zimmer den Schnee.

Wie wird die Saison

Die letzten Wochen rutschten so weg,
Konferenzen, Premieren, die üblichen
Dienstleistungen, etwas Gartenleben
abends und Grill; über Schwäche,
Schmerzen, nicht reden –

In jedem Fall läuft Programm.
Daran ändert nichts
ein Knacken in der Leitung,
der Einspruch und Widerspruch, Kompromiß
oder schlechtes Gewissen,
Übereinstimmung im plötzlichen Schweigen –

Plötzlich. Nein nichts.
Der Hase auf der Autobahn
kam durch; den Rauchmelder
irritierte nur die Havanna.
Kein Problem mit Personen,
die von sich aus nichts sagen –

Ansonsten, der Trouble dauert an.
Mehr Planungen, Stauungen,
Umleitungen an die nahende Front.
Wie die Saison wird, fragen Sie?
Langzeit Ruhe, dauert nicht an –

Langsam, ein Sonntag

Im hellen Dunst des Mittags. Über den Vorort
zieht der Geruch von Braten und Mokka.
Die Augenblicke möglicher Versöhnung. Immer noch
sind die Straßen leerer als sonst. Und
die Mehrheit der Bäume atmet.

Kontaktabzüge

Kiesgrube, Kaninchen.

Der Himmel mit mehreren Wetterfronten,
die näherkommen gleichzeitig,
Sonnenstrahlen, Schneefahnen und Blitze.

Wasserlachen und flackernde Neonröhren in der Tiefgarage.
Die Wiese, und ich stehe auf der Wiese,
die Wiese betrachtend.

Die nassen Straßen vor dem Regen.

Der kleine Bildschirm mit sechzigtausend Köpfen
von Menschen.

Schrotthügel glitzernd in der Morgensonne.

Ein Mann steht auf einem Balkon und trinkt
eine Bierflasche leer; er blickt in den Himmel
über dem Hochhaus und schließt die Augen.

Verkohlte Druckknöpfe im Aufzug.

Ungekämmte Männer, hin und her gehend
im Schlafanzug.

Ein langer Güterzug, vor dem Horizont der Ebene,
hinter der Reihe der Telegrafenmasten.

Goldener Zweig auf dem Tisch.

Eine Reihe verstopfter Briefkästen.

Erfrorene, faulende Blüten.

Gelände mit Sträuchern und Birken, die zwischen
den Schienen und Bahnsteigen wachsen.

Die Brandung auf siebzehn Fernsehbildern
in einem Schaufenster.

Liegendes Fahrrad.

Abends die Reihen der Kähne am Ufer.

Frauen mit Kopftüchern vor einer Gefängnismauer.

Männer auf der Bank. Einer liest Zeitung.
Einer liegt. Einer betrachtet den Betrachter.

Die Schatten der Zweige auf der Hauswand;
die verschwundenen Schatten; Risse in der Hauswand.

Sechs Fabrikschornsteine über den Gärten der Siedlung.

Erdmuster.

Nach dem Wind; die Zeichnung des Regens
auf den Fenstern.

Phase

Natürlich, wenn ich sitze weitab, fehlt mir
das Ziegengemecker, der Kaffeegeruch, das Ruruh der Tauben
und das Gekratze an den Türen, alles
an atmosphärischer Störung, wie ich behaupte und
weiterhin Egoismus beweisend
                               – ich schaue hinaus
in die sinkende Sonne, die ich hier länger
betrachten kann als unten auf den Wiesen,
und ich sage dir auch, wenn früher
vom Meer die Wetterfront kommt und ich schon
ganz naß bin
              – dazwischen der Fluß, und Tage
gibt es, dann sind die Brücken wenig befahren;
deutlich kann ich die Hügel erkennen, die Wälder,
unsere Häuser; vor der Dämmerung werde ich kommen.

Die Vergessens-Verkäuferin

Georgette Magritte
liegt,
unter einer Pfeife, neben einer Kette,
mit geschlossenen Augen
im Sand.
Belgische Küste, 1936

Blick nach Belgien

Es war schon ganz dunkel unten im Land,
als die Wolken noch einmal begannen zu brennen.

....

René Magritte zeigt mir *Die truglosen Bilder,*
eine längere Zeit; ich versuchte zu sagen,
ganz einfache Bilder, und was ich sah.

....

In deinem Bett, krank sagtest du mir: da,
im kalten Fernsehschirm, sehe ich das Fenster,
sehe ich den Abend und Himmel hinter mir.

Zukunft für Bilder

Am Morgen schon die Pathétique; wie lebst du
weiter bis in den Abend, an einem
Friedhofs-Tag im Fühling, wenn aus der Erde
Trauer bricht. Du stehst
in der Sonne auf einem Asphalt-Weg
und siehst Kinder aus der Schule kommen,
und sie wissen noch nichts. Noch nichts
von den späten Erinnerungen
an ihren Heimweg an Häusern vorbei,
die bald nicht mehr da sind. Es gibt
die Dauer eines Schmerzes, den wir
nicht mehr spüren, der sich hinzieht im Schatten
glücklicher Jahre, im Echo einer alten Musik,
zwischen Bissen und Schlägen.
Weitergegangen. Du gehst wieder weiter
und nimmst noch einige Bilder mit;
wenn niemand mehr, die Bilder werden erzählen.

A Foreign Affair

Die Schreibmaschine ging kaputt, ich sehe
Übersee-Flüge starten und höre das Schnarren
der ersten Rasenmäher; ein Nachkriegs-Film
und ich denke, wie ging,
wie geht es mir gut. In meiner Stille
passiert nichts? Anderswo
und ich schieße zurück. Nachmittags
in der Landschaft betrachtete ich die Folgen
dieses Frühlings; Gras wuchs schon
über die Flächen, die letztes Jahr brannten.

Notizen am Fluß

Man weiß nicht mehr viel, in den Dörfern,
oder es gibt keine Dörfer. Ich suchte
einen Angler, der im vergangenen März
am Ufer saß. Wir lebten hier, ohne
die Geschichte der Gegend zu kennen, dann
fuhren wir weiter, jeder für sich. Die Brücken
stehen fest und schwanken; die Schiffe
rauchen nicht mehr. Nachts sah ich
die Straßen des Himmels; hinter den Fenstern
hörte ich die Stimmen der Kämpfer.
Man weiß, was man braucht, und man braucht
nicht den Fluß, so stirbt man ab.

Übergang

Jetzt, in der späteren Zeit, weiß ich mehr,
es reicht ja ein Blick rundum,
wahrzunehmen die Veränderungen, zum Beispiel
in der Anordnung der Bilder,
die nun erzählen, was ich nicht sah.

Ich sah nicht die Pferde draußen bei Nacht,
die langen Schluchten der Hoffnung, des Himmels,
die Gesichter der Ebene, das Regengeröll,
die Gegenstände der Requiem-Landschaft.

Jetzt ist noch Zeit, fürs Wiedergewinnen,
für eine Empfindung in leeren Räumen,
wenn die letzten Eulen verschwinden,
vollkommen, bleibt es dunkel.

....

Grübelnd an verschiedenen Tischen, die Fotos
des Jahres betrachtend, keine Korrekturen.
Am Horizont rauchend die tägliche Industrie,
da warten, unter Dampf, meine Schiffe im Hafen,
sagte ich einmal, vieles erfindend und vieles
bemerkte ich nicht. Im Garten die Schäden
des letzten Sommers, die Birke hat es erwischt,
zwischen den Ästen trotzdem einiges Grün,
langsamer bewegen wir uns, länger noch,
und verborgen, du weißt es und du
sagst es nicht, das Geschiebe der Scherben in uns.
Nichts für die Ruhe. Kein Grund zur Panik.
Einige Falten, morgens im Spiegel, mehr und weniger,
abends am Glase, Statements zur Illusion.
Eins weiter gerückt, zwei Schritte zur Seite,
wieder zurück und nun warte doch mal,
im Zeichen des Krebses geboren und lebend,
ich taste, ich schmecke, ich rieche. Gut so,
vielleicht, etwas getan für das Weiterleben

der alten Sinne, du weißt, wir lassen nach
und nicht gut so, ein Regenbogen kam und
verschwand, wir sahen, verstanden und verständigten
uns nicht und dann wieder, wie immer auch,
mit wem zu reden, was zu verschweigen,
die laufende Talk-Show, der laufende Innere Monolog,
in unseren Radio-Köpfen, Programmschluß,
weiter, Band läuft, Erkennungsmelodie.

....
....

In der verbleibenden Zeit

Vorbereitungen

Später alles:
die fortschreitende Ausdehnung,
ungestörte Flächen der Zeit;
in der Gewißheit,
daß wir mit Tonbändern weiterleben,
ausgestorbenen Gewohnheiten,
verrotteten Sprachen,
den Geräuschen des Wassers, der Wälder,
daß wir wiederfinden den alten Film,
die Szene erleben mit aufgehender Tür,
und wir treten hinaus
in den Morgen mit Bäumen im Wind.

Sprechend in der grauen Luft,
ein ratloser Mann, der noch nicht weiß,
fliegt er oder fällt er.

. . . . .

Leerer Himmel im Fensterkreuz,
zwischen den entscheidenden Jahreszeiten,
wenn die Reisenden entweder kommen
oder sie entfernen sich.

. . . . .

Heranziehend dunkles Gewölk;
die schon geflohen sind, sagen,
kein Unwetter kommt.

Abends, ich rufe dich an, ich sage, vielleicht
geht es weiter in mir,
vielleicht ein Ballon und ich steige,
oder, es ist eine Täuschung der Luft,
keine Bewegung –

Nichts ist versprochen. Du mußt verstehen,
es ist der nächste, der neue Versuch,
ohne Stützen und Schutz.
Atmend verbrachte ich die Wartezeit;
ich blickte in die Ferne
und suchte den kommenden Punkt.

Du suchst ja mit. Du kennst, was ich meine
mit diesem Toben der Ruhe.
Du hältst mein fürchterliches Warten aus.

. . . . .

Sage am Telefon: ganz gut und macht nichts,
wenig Schmerzen, laufende Projekte,
zuwenig Landschaft, Hochdruck zieht
die Kopfhaut weg, Schnee ist ausgeblieben.

. . . . .

Trotz Kälte, gegen alle Gewohnheit,
abends sprangen die mürben Blumen auf.

. . . . .

Fachwerk, du hast Fachwerk gezeichnet.
Nun zeichne mich, den Schreiner.

. . . . .

Grüner Felsen, im Winter-Prospekt,
wir zögern nicht und schwimmen drauf zu.

. . . . .

Teppich, Brücke, hinüber,
wo du gestern gestanden hast.

. . . . .

In der Erwartung der Schlaflosigkeit,
mit den Gesetzen im Dunkel,
ohne mögliche Beobachtung,
ihr Wachen könnt gehen.

Notiz für später

Sag nichts
der Augenblick ist nicht günstig
Gesichter wenden sich ab
kein nennenswertes Angebot
die Vogelscheuche als Kontaktperson
wieder ist ein Sender ausgefallen
nicht ans Telefon gegangen
der Nebel gibt die Straßen nicht frei
der zugeklebte Briefkasten
stillgelegte Bahnhofswelt
Möglichkeit des unbemerkten Verschwindens

Gelegentlicher Glanz; unerwartete Ansichten
in der stehenden Dämmerung; irgendwo
muß ein Gestirn aufgetaucht sein,
das uns plötzlich erregt.

. . . . .

Eine Zumutung, die man zurückweist,
vergeblich glücklicherweise, denn dieser Sturm
faucht hinein in die Lager der Trägheit;
was da kracht, endlich, ein neues Geräusch.

. . . . .

Ein Kontinuum wiederaufnehmen,
das Grün im Todesstreifen restaurieren,
auf den Fluß unten hören,
anfangen, die Gewohnheit wie ein Abenteuer zu lieben.

Vorbereitungs-Sätze

Der Wind donnert auf die Dächer
und im Sommer alles vergessen.

Männer, ohne Häuser, aus den Wüsten,
reißen Häuser ab.

In den Gärten die Erde betrachten im März.

In den Zimmern, in denen die Telefone stehen,
ist es ganz still.
Die Woche geht zuende und wir sitzen
zwischen unseren Zäunen.

Kein Regen. Es gibt nur Regen im Regen,
und er hat keine Wohnung.

Rauch steigt auf aus einem Baum.

Immer noch Angst bei Beobachtungen.

Es ist Sonntag. Ich lese. Nach vielen Wochen
wird ein Mann von den Entführern freigelassen.
Er setzt sich in die Untergrundbahn
und fährt in die Stadt.

Ein Hund steht vor mir und ich gehe nicht weiter.

Nachts in der stillen betrunkenen Straße.

Nachts immer die Schritte hören, wenn man
niemand gehen oder kommen sieht.

Die Erinnerung an den Weg durch den Spiegel.

Das Alter der Tinte.

Eine frühe Liebe kommt vom Hügel nicht herunter.

In den Tälern ist es nicht besser. Hammerwerke
und Mühlen, kleine Fabriken der Geduld, liegen
ausgehöhlt und verlassen. Aber der Hunger
ist abgeschafft, und die Forellen müssen nicht leben.

In der Angst an den Formen arbeiten.

Damals der Kuckuck folgte uns lange.

Bilder

die Scherben springen weg von den Bäumen
der Himmel versprüht heute neues Metall
in tiefen Mänteln verborgen ruht sich das Kraut
vom Sommer aus
ein glänzender Augenblick
bist du müde schau auf
die Angst hat eine Schelle und läuft
in den Wald
der steht frisch gerüstet
unmöglich unglaublicher Tag
die Straßen öffnen sich alle zum Meer
sanft werden die Männer
das Meer entschließt sich zu neuen Schätzen
selbstverständliche Ökonomie
Bildschirme
zwischen dampfenden Schollen
schildern die Möglichkeiten der Wurzeln
friedliche Kriege
bist du erledigt steh auf
die Wörter des Tuns machen mit
im Himmel singt Hans der geschundene Knecht
gießt Öl ins Getriebe des Monds
die Bauern beginnen zu staunen
schön wird der Rost
Kronen der Einfalt
gutes Feuer
Gerechtes
Aufleuchtendes was du anschaust
Seelen werden an Fallschirmen sichtbar
und das Auge wird freiwillig programmiert
ein Ring den pflücke ich dir
ein Lehnstuhl für Sehnsucht
ein Kuß deiner Stiefel
möglich glaubwürdige Tage
Termine igeln sich ein in den Gärten
ein verschwundener Maler taucht in den Wiesen

die er malte endlich auf
überflüssige Träume
gute Arbeit im Körper
im Rücken der Berge fließt die Trauer weg
entdeckt wird ein Stern für die Unschuld
du wirfst keinen Stein mehr
du brauchst keinen Schutz mehr
dich zwingt niemand und nichts zum Terror
der nächste glänzende Augenblick
das Kraut zieht die Mäntel aus
begrüßt die neue Regierung der Wünsche
jetzt leben wir abends nicht lange

Zwei Collagen von Rango Bohne

1 / Vom Entstehen eines Bildes

Du nimmst diese ganze Reihe
von Bäumen, du nimmst nur die Hälfte,
die grün gebliebenen Fichten (für mich,
irgendwann, bleiben die Pappeln).
Das Haus, das runde Eckhaus,
bleibt in der Mitte; rund um das Haus
ziehst du eine Zeile von grauen Steinen;
das Dach, das Haus hat kein Dach.
In der Ferne, näher rollt der Mond (wenn
Zeit weitergeht, rollt der Mond
über die leere Fläche über dem Haus)
(und ich begreife: Dach kann nicht sein:
die Sichtbarkeit, das seltene Vorhandensein
des bitteren Mondes). Menschen
gibt es, aber die Menschen nimmst du
ganz weg, du bist barmherzig, die Straße
sieht aus wie ein stiller, gewissenloser
Strom. Du bist noch nicht fertig.
Du gehst in den Garten
und bringst den Farn mit, und
ich finde im Bild das lebendige Kraut,
unterwegs, den Farn, auf seinem ruhigen Weg.

2 / A night among the horses

die schöne Geschichte meine ich nicht von Djuna Barnes
den herrisch erzählten Schrecken
aber das Haus ist erkennbar amerikanischer Herkunft
eins aus diesen üppigen Magazinen
im Alter noch die grüne Eleganz der Kolonien
während im Schatten schwer beweglicher Bäume
das Moos den Untergrund regiert
Hengste heben die Köpfe
zierlich trippelnd wie herbeigepfiffen
eine dunkle Lache jeder denkt Blut
breitet sich aus unterhalb der Veranda
Türen sind offen
Blick in hölzerne Räume
Licht sinkt herab von einem Himmel
der unten die Nacht verachtet
einige der Statuen
denn plötzlich werden Statuen zurück sein
einige nicken sich zu
nicht auszuschließende Verbrechen
vielleicht mein Körper zwischen den Hufen
falls jemand eine Person sucht
ein gutes Stück Zaun trennt die Szene
vom möglichen Tageslauf draußen

Der Fluß, in diesen hellen Tagen
rollend und schäumend, am Ufer
dies Bild
eines hin und her rollenden, schäumenden Teppichs;
verschwundenes Bild, Nacht ohne Wind.

. . . .

Wach liegend; der Wind steht
an den Fenstern, alles draußen keucht,
unsichtbare Anstrengung,
bald kämpft das blinde Herz mit.

. . . .

Unbestimmte Frühe; die Sonne lief
wie ein Ei aus;
ein Mann in der Küche sah
den Himmel und tat den Morgen nichts mehr.

. . . .

Im Fenster gestanden,
hinüber zur Eifel geschaut,
oder war es ein Bild der portugiesischen Küste,
jedenfalls strich der Regen alles durch.
Die Monate vergingen.
Von damals den jungen Vögeln keine Spur.

Cover design

auf der Wiese liegend wie tot
aber während der eine schläft
schaut nach ihm der andre
dazwischen ein Hemd
und dahinter ein englischer Zaun
könnte sein Pause in einer Liebe
oder in der Nähe das Meer
schiebt sich vor

Alter Film

Der Geruch, der im Haus hängt,
verbrannte Kartoffeln. Als wir auf den Feldern
an den Feuern hockten, hatten wir
den großen Bruder, West oder Ost, der Wind
war immer stark. In dieser Kindheit,
nach jedem Brand, blieben auch
die Sterne klar, und als
die Front vorbei war, raubten wir, es waren
die Wälder der Feinde, unser Holz.

Spuren und weiter

Wir finden Bilder; vielleicht ein Trouble,
zwischen meinem Sohn und mir,
um die Zeichnungen der russischen Landschaft.
Besser, wir betrachten
die Mielenforster Felder, das leere Schloß,
die Grabstätte der Familie Andreae.
Spaziergänge, lokale Geschichte.
Du machst jetzt Filme; ich bin älter;
wir werden uns verständigen.
Wo lag die Mappe? Ich sagte,
seht im Winkel des Speichers nach;
der Staub und die Jahrzehnte.
Der Maler, gestern erzählte ich dir,
blieb verschwunden in seiner Landschaft.

Falsch lebend

Du bringst die schönen Fotos mit
von gestern Nachmittag,
die frische Wiese vor dem Fachwerkhaus,
und ich kann nicht müde werden
hinter der Efeuwand
und weiterschlafen nach der Zerstörung.

Feature

Schritte liegen unter
der Stimme, und wenn die Stimme
weiter erzählt, weiß ich mehr,
etwa, Straßen zur belgischen Küste
im Winter.

So ging ich und blieb
stehen; ein Bild entstand im Gedächtnis;
damals, als ich es zeigte
und mehr zeigte, fast ein Archiv,
blieb der Tag dunkel, oder ihr wolltet
nicht wiedererkennen.

Sprach, begann zu sprechen.
Schnee schob der Himmel heran. Ich meinte
auch diese Bewegung.

»Ein Geräusch blühte auf.«

Und schob die Büsche zurück,
ich meine die Gegenstände, die zuvor,
im Sommer,
in der gefundenen Landschaft,
ich fand.

In der verbleibenden Zeit.
Eine kurze Chance
versprochen: und ich versuchte, ging
und sprach weiter,
sagte: das Pelztier in den Hagebutten,
bald der Frost; und schwieg lang.

Da waren Augenblicke

Zwischen Zuganschlüssen, kalte Apfelsinen.
Film-Bilder vom letzten Oktober;
da waren Augenblicke, wir könnten sie zählen.

Diese merkwürdige Berg-Stadt, umgeben
von plötzlichen Schneeflächen,
und am Ende der Serpetinen
entdeckte ich einige Fenster, es war
der Blick nach Portugal.

Wo wäre nicht schwierig, nicht schmerzlich
eine Verständigung. Man tauscht
Erwartungen, die Fotos aus
und bespricht die Eigenschaften
der beruhigenden Mittel.

Die Abfahrtzeiten stimmen.
Weniger Kälte; auch etwas Sonne, erst
auf den Straßen, dann auf dem Bahnsteig.

Was ich sah

Der Schatten unserer Erde,
als ich sah, er schob sich über
die Fläche des Mondes, ich vermutete
den Umriß meines Körpers, dort
im Gelände einer Photographie,
mit Möglichkeiten einer Verschiebung
aus den Mustern der Trauer,
wenn überhaupt einen Sinn hat
das Verlassen der Geschichte,
hier zwischen den Dörfern.

Anfang Sommer

Schacht der Bilder, verwildert
nach den Durchzügen der Gleichgültigkeit,
weniger sichtbar im Sommer
der verschüttete Einstieg, bis die Nässe
einsteigt und folgen wird, geduldig
bis zur Regierung, das Moos, so
wuchs es schon im toten Gesicht.

Nah und fern

in Gruppen von Blöcken
Erscheinendes spricht so wie bezeichnet oder zu nennen
ansteigend das tiefliegende Panorama
Reihung am Horizont
und das Ausbleiben einer Empfindung heute abend

ein Kamm aus der Tasche gefallen
wie so oft wie verfügbar ich war hemmungslos
dringeblieben im Betrieb

rote Streifen sagen wir Gewölk
später eine Schleife dunkler Frühlingsvögel
die Schwellungen dazu des braunen Bodens
unsichtbar die Buchstaben der Seufzer

weitere beleuchtete Gruppen
Bewegungen in der Ferne vielleicht neue Menschlichkeit
jedenfalls die Ebene neuer Gebetsinhalte
jedenfalls in der Erwartung des Cups

oder was ist Interesse
oder gilt nichts im Geräusch der Menge
sagen wir Formen der Hoffnung
leuchtende Identität
und nicht wie unten das Zucken der Ampeln

Was sagen die Leute

Wochenende

Morgens, die silberne Haut des Nebels, aber
die Frauen in der Tür des Friseurs
sprechen ganz anders, wie von der Gefahr
einer völligen Zerstörung durch Nässe.
Nebenan, die Männer und Kinder
stehen Schlange vor der Bäckerei, und niemand,
der später geboren ist, versteht
mein Erschrecken. Die Brötchen sind gut,
besser als sonstwo; die holen wir
über die Autobahn noch im Nebel.

Nächstes Wochenende

Nebenan, die junge Frau
ist allein. Die Trennung
hat niemand bemerkt.
Sie sagt, das kommt
überall vor. Kommt manchmal
der Mann zu Besuch,
sie sagt, er spielt
mit dem Kind
jetzt länger als früher.

Kontaktperson

In Gedanken (ich könnte es am Telefon sagen,
vielleicht) beschreibe ich einen Weg: fahren Sie
so und dann so
          – ich unterbreche
und blicke hoch, wo sind wir denn eigentlich,
was ist das für eine zerfetzte Gegend,
die ich beschreibe wie eine Idylle –
                    Arbeitsessen,
wäre ein Anlaß, weil ich Sie anders nicht
kennenlernen kann (und ich wollte wirklich
an Sie ran, rein menschlich); anstrengend,
Small-Talk zu spielen; ich denke, Sie wissen
das auch, aber wir meinten
etwas ganz anderes –
               wie meinten Sie das,
rein menschlich. Ich meine, ich rede dumm
(am Telefon immer die schnellen Wörter), aber
etwas außerhalb unserer Funktionen, ohne
Rücksicht auf die Verwaltung (hören Sie, auch dort
sitzen Menschen), ich meine etwas Gestrüpp
und den Seitenweg, überraschende Schneisen,
eine schweigende Wiese
               – also die Ausfahrt,
aber achten Sie auf Beschilderung, und
ich bereite ein Essen vor, zum Vergessen,
zur Sache unserer Probleme
                    – in Gedanken,
noch einmal, weil jetzt ich allein bin,
mit im Zimmer Gespenster, erfundene Gesten,
studierte Repliken, und alles, damit
wir nicht gleich aus der Hüfte –
                    Sie sehen,
ich denke so oder so an Sie, eine Ausfahrt,
ein Abend, kalkulierter Kontakt. Ich kenne Sie
nicht, gleichgültig bin ich Ihnen, vielleicht
wieder später, bis dahin.

Berufsverkehr

Kann alles werden erzählbar, erzählt,
die Kämpfe der Kinder auf dem Rasen der Tiefgarage,
das plötzliche Leuchten des Ginsters im Zimmer,
eine Dienstreise im Schatten des Schwarzwalds,
der aufbrechende Rost unterm Lack.

Ein Mädchen sagte, laß mich,
du machst aus mir noch 'nen Text.

Kann sein; ich fange nicht an
mit Wörtern den Tag; gut wäre Schwimmen,
Golf mit den Chefs; einfädeln, Overdrive,
Profis im Berufsverkehr.

Irgendwann Glanz, herbeigesehnt, schon tanzt
ein Segel zwischen den Brücken; der Rücken
tut wieder weh, es riecht nach Öl, trotzdem,
in der Nähe haben wir Küsten.

Kann schon zum Ende kommen, Nachruf
auf Band, beinahe etwas gelungen, oder geh weg,
fang wieder an, neu in die Straßen gekommen.

Magazin

Später ein Brandy. Ganztags hingen wir
am Telefon der Sagtest-du-damals-Schau
wegen, irgendwer sackte zusammen im Sessel,
wann gehn Sie nun zur Herz-Inspektion,
aber was ist, da verwechselt doch einer
die Bänder, und jemand wollte noch sagen,
in meinem Garten wird der Federmohn nichts,
oder was soll Ihre Bemerkung, daß regelmäßig
Journalisten werden nicht alt, Band läuft wieder,
wie eine Warnung kam die Ruhe ins Studio,
auch klappte die Verbindung nach Kampen, warum
unser Kontakt gerissen, ich weiß nichts von dir,
abends noch einmal dunkles Jackett, Ausweiskontrolle,
im Biergarten fahren die Rover vor, wir treffen
Feinde, die wir, die uns umarmen.

Who is who

Diesen Mann in Ruhe lassen. Am Fenster
nachts in der Küche, sitzt er
auf der Eckbank und tut nichts.
Vor dem Fenster, im Westwind, bewegt
sich der Birnbaum. Nebenan in der Stube
tickt die Wanduhr. Er steht auf,
wenn leer ist das Glas und Zeit ist
für den Blick in den Ofen.
Die Katze im Korb hebt den Kopf,
wenn er vorbeigeht, wieder sich hinsetzt
und atmet. Draußen die Leute fragen,
wie lange und kannst du
in Ruhe leben mit diesem Mann.

Weil Sie mich fragen

ich falle und schlage sanft auf
nachts die Schüsse und am nächsten Morgen
in den Nachrichten nichts
angekommen und keiner ist da
Milch bis es schwarz wird
der alte Mörder erzählt wieder wie es war
ich habe die Wörter vergessen und schreibe
so reich und nichts wächst
Wiesen verschwinden grüner Zement
jetzt ist fast Sommer und Schnee kommt zurück
ich bin ruhig und weiß nicht warum

Junger Mann

jetzt bin ich beschäftigt mit nichts
wer kann das sagen
wer darf sich ernennen zum Nichtsnutz
ein glücklicher Schläfer in der Geschäftszeit
zufrieden mit dem Verfall seiner Leistung
du willst es versuchen
nun gut und mach keinen Fehler
keine Programme zum Nutzen der Schlamperei
sag nichts was erklärt
deine sorglosen Entwürfe im Staub
die Erfindung chaotischer Kringel
du bist sonst bald dran
spinnst mit Gewinn
brauchst Datenbank fürs Durcheinander
Konferenzen mit deinesgleichen
Aufsteiger bist du wirst auch noch was

Jahrhundert

Einige Frauen haben gesprochen
es ging nicht um die Wäscheleine
liegengeblieben sind auch die Möhren und Zwiebeln
zuviel Jahrhundert in den Röcken
zu lange die Reste vom Teller
aber was aus Muttern wird
gibt es denn noch was zu tun
will ja vielleicht bis Mitternacht warten
fragen ob Hunger und Spiegelei
und zuhören wenn du erzählst

History (1)

Da werden noch mehr weiß
die Möwen, wenn sie jetzt
kreisen über der dunklen Bucht
über dem Fluß.
Malverbot, damals, der Maler sah
und machte nichts.
Unsere Gewitter sind harmlos,
sind Gewitter,
das Zittern der Pappeln nicht meins.
Leute fragen
nach dem Unglück, das Unglück
auf dem Zeltplatz, was war,
keine Frage,
mit den erschossenen Matrosen,
vergessen, das Vergessen
wie das Wetter gestern, als Sturm
uns duckte und schob.

Chronik

Der Nachbar fährt Schnee
in den Wald. Die Vorsicht des Mannes;
der Rest der Familie
kann wieder atmen. Nachts wohnt
im Wald eine Frau; sie will nicht mehr
sprechen und kommt nicht weiter
auf ihrer Flucht. Wir erzählen
vom langen Leben zusammen; einer hat alles
vergessen, einer hört nicht mehr zu.

History (2)

Etwas ältere Männer, nachmittags
am Fluß, mit Stöcken
und kleinen Hunden, zu fragen
trau ich mich nicht,
ob einige Erinnerungen ausgesprochen
und die Enkel beruhigt sind.

Reise-Erzählungen

1

nachmittags spät sind wir angekommen
im grauen Gestöber ein warmes brauchbares Zimmer
die Stadtbahn heult herüber zum Gruß
zwischen den Schluchten von rasselnden Brücken
Pendel grüner roter Lichter
es ist wie in anderen Jahren ganz unerwartet
Freunde warten auf Bänken Stühlen und stehend
auch die neuen noch nicht gezählten Gesichter
die Runde Wodka für dich und die andern
mit Fragen wie das ist was ist das
eine vorgeschobene Realität naiv ein Naturbild
vielleicht der Beweis zu leben gern auf dem Land
plötzlich fliegen Flußhühner über den Savigny-Platz
zum Wiedersehen ein Schätzchen mit schwarzem Hut
ganz leer das Lokal der Mittelpunkt der Stadt
ruhig speist noch der Präsident unserer Akademie
dann steigen aus ihren Nestern die nächtlichen Vögel
vor mir sitzt ein Uhu neben mir eine Eule
wir tauschen Krisen-Erinnerungen aus
hell wie der Weizen damals dein Haar
mittendrin in dieser Nacht es wird hell
ein Rudel Taxis kreist steht und verschwindet
grauer Mantel des Morgens
blinzelnd Jalousien
schon dröhnt es in den Schneisen des Himmels
und das ist kein Zweifel weiterlebend
im künstlichen Zustand
leichter in hoher Luft im weiten Raum
versuchen wir etwas wiederzufinden
ich kaufe die neueste Auflage Stadtplan
nichts hat sich geändert
in einem Schweigen enden die alten Straßen
am Rand bewohnter Gebirge bunter Beton

rumpelnd über eine Chaussee
in die Jahrzehnte zwischen den Kriegen
es wäre die Fahrt unter Kiefern weiter
zur See, den Kreidefelsen, der Nehrung
mitten im Dorf gibt es den Anger
klirrend und blitzend unter den Hufen das Pflaster
Schneeflecken auf den Hügeln zwei Bäume
die Stille das ist eine Grenze
die Grenze in der Mitte des Bachs
ein Schrecken ein Staunen
in dieser grauen Stille unter dem Krähenschrei
in der menschenleeren Ebene
zielen uns Ferngläser an
in unserem Land, wir stehen und können nichts sagen
fliegt hinüber herüber ihr wilden geschichtslosen Enten
fast wie ein Trost
hier können wir uns nicht verirren
zuverlässig zurück in die Bezirke der glitzernden Mitte
eintauchend auftauchend Woge der Nächte
in Pelzen Auftritt in hohen alten Wohnungen
Schauspieler kochen für ihre Cliquen
großer Beifall dann sanfte Intrigen
spät beginnen wir Frühstücksgespräche
Rezension dieser Abende
ein großer Mann zählt noch an seinen letzten Drinks
nun pulvert es wieder weiß vom Gesträuch
sofort und verwischt schießen die Bilder hervor
vergiß nicht in Zukunft und jetzt
wir schnallen uns an

2
Kommentar

es war in der Stadt, war ein Verschwinden,
Kriegsende, keine Nachricht, ich finde
Reste von Pisten, Einschläge letzter Granaten,
danach dreißig Jahre, vielleicht noch
entkommen dem Sperrkreis,
historisch ein Obergefreiter, letzte Wörter
wenigstens so ähnlich, Ende Zitat,
immer noch Geruch zerriebener Ziegeln,
und wenn auch friedlich die Luft dröhnt,
Gott mit uns, ein Junge mit Koppelschloß
hörte, erzähl mir, den Gedichten zu,
alte Gesichter, Bellevue, wußten nicht mehr.

3

es regnete morgens, aber wir fuhren
rasch in die Nähe der Grenze
und fanden die zugewachsenen Bunker

fahr besser du, nicht bloß die Serpentinen später
mein Gesicht wandert mit über die Landschaft
in der die Grauwacke wächst
aus der Erde direkt gewachsen die alten Häuser
ein Steinbruch umgekehrt wird daraus
zum Beispiel so die Wollfabrik verschwindet

nicht mal ein Schlagbaum
zwischen zwei Flecken im Hohen Venn
reisen wir über den belgischen Zipfel

und nimmer wandern
Hänsel und Gretel im Hürtgenwald

es nieselte, so konnten Krähen noch kreisen
über der nassen Schieferschwärze des Städtchens
ich fragte den Gastwirt wie es denn war
um 14 Uhr am 14. 9. 44
sind Sie Mr. Floßdorff
Mont Joie, möchten wir bleiben
über dem sauberen kalten Fluß
kaufe ich nächstens das Schieferhaus

kaufe ich Schokolade für Flieger
dazu den Range Rover fürs Hochmoor
erwähnte was war Offensive, sieh mal,
ein Rest von Schnee in den Ardennen

wo hausten denn Drachen
schwarz im Knochengesicht die raunende Waffen SS
bald blühen auch hier Forsythien
wie weiter östlich alles Nibelungen
Kraut und Nasenbluten

aber du wolltest nach Süden, die Maare
auch hier eine Front

ein Dröhnen, ein Picknick
weit weg vom wallonischen Nebel
vier junge Soldaten sprangen weg von der Straße
wir schauten in die plötzlich blaue Luft
mit unseren Abfangjägern

4

Tage im grauen Marais
mit einem Schrecken zwischen den Schluchten
trennten wir uns abends und wortlos
half mir ein guter Dichter beim Warten
bis wir uns fanden und etwas tranken
an Tischen verwitterter Schönheit
zum Vergessen der Kälte
vor einem Weg zurück durch die Luft

Vielleicht Amsterdam, aber der Nebel
ließ nichts zu, keinen Namen
und Ort; das Wasser, die Küsten
verschwunden; wäre tödlich gewesen
eine Bewegung; still saß ich im Bett,
das durch die weißen Räume trieb.

Nacherzählung

einige Sätze, wie sie erzählte,
es war eine rasche Fahrt,
gestern war Vollmond,
Reste von Schnee auf den fränkischen Hügeln,
die Linien komplizierter Verwandtschaft,
es blieb länger hell,
eine Wolke von Krähen,
die Erinnerung an die Bilder van Goghs,
eine Wolke von Krähen erhob sich
über den Winterfeldern
und verdunkelte die Autobahn,
zwei Stunden in einem Hotel, altdeutscher Art,
kein Gefühl mehr für Geschwindigkeit,
im Halbschlaf und wie sie erzählte,
es gab keine Komplikationen,
es war eine kurze Nacht,
der Sonntag, die Reiher standen am Wasser

Landverluste

Erinnerung ans Land

Gelbe Hänge im Herbst noch eine Aussicht
auf die Bestände unserer frischgemachten Hoffnung
denn unsere gefalteten Körper bewegten sich
bäumten sich auf mit den Feuerbohnen
und wir zitierten nicht mehr den Verlust

es gab wieder Arbeit mit Holz
die Hemden flogen auf den Zaun
und der Gruß der schwitzenden Leute
hallte ins Tal zwischen den Eichen
war auf den Kürbissen ein Getrommel

nichts schreckte weder ein Hauch
vom Wintertod noch ein Manöverkampf
selbst die Folter des Traums
ließ zu ein Erwachen mit Gnade
und glitzernd kam auch der nasse Tag

Im Sommer in der Eifel

Rasch kratzen unsere Stifte über die Blätter,
die Scheiben, die Bleche, das Holz.
Wir schreiben und zeichnen, gegen
das Nähern der Dämmerung; der Wind
hat schon aufgebaut die Türme
eines Gewitters; blas nicht mehr
ins Feuer. Rasch sagten wir
für den anderen Tag, wie es heute,
morgens bis abends, war,
als wir abfuhren, wegkurvten
und fanden das Lavagestein,
das brüchige Haus.
Ihr habt gerufen, da sind wir.
Wir fallen in den Hof, laut
und noch schüchtern, mit Flaschen
unterm Arm. So ging es los.
Du schreibst jetzt, ich zeichne,
dann starren wir in den Regen,
der weiter macht, beides für uns
im Schweigen, so hört es sich an.

Vor dem Regen

Keine reifen Kirschen. Ins Haus gezerrt
vor dem Regen die Kissen und Decken, nun
schlag noch einmal ans Glas.
Vielleicht, eine Zukunft für Birnen;
der es noch weiß, bald stirbt der Pfarrer.

Noch einige Gehöfte

Getreide. Der Nachmittagshimmel
ist nicht mehr gut. Die Zeitung
fragt bei den Bauern am Stadtrand.
Es ist wie ein Urteil, der Regen;
schlimm war jedes Jahrhundert.

Augenblick

Einmal Kraniche, still liegend
über ziehender Gegend, wo wir
nicht mehr sind, aber zuvor,
wir kämpfen viel weg.

Odenthal

Summende Nachmittage auf den Leitern
Fachwerk Fensterläden und endlich
die Schattenmorellen
es gäbe auch stille Hänge jenseits der Kurven
der fliegenlernenden Mofas
aber die Mädchen lachen in den Fenstern
die zuckenden Kinder der Bee Gees im Heu
abends warnen die Amseln
alte Tische wandern umher in der Scheune
die Hitze hält nun besetzt
die Zone der Schatten
bald kommen die kleinen Bomben
vom Birnbaum
nachts hustend und fern einige Pferde
keins war im Krieg
im Sofort-Bild erscheint der kleine Traktor
im unteren Blau der Wiesen
du erzählst wo hinter den Feuerbohnen
am Zaun die Gefangenen anmarschierten

Vorläufiger Verlust

Mühlen entfernt auseinander liegend im Traum
die Frage beschäftigt wie atmende Bilder
entstehen und weiterleben einige graue Tage
wie jetzt als wir sprachen
über den vorläufigen Verlust der Eifel
die Quelle und das Wasserrecht
die private Turbine
das eigene Rudel Fisch

auch war es die Zeit für Rückzüge
wenn die Luft fehlte zwischen den Räumen
es gab den Nutzen der Leere
die Lust der Unteilbarkeit war beständig

im Traum die Fortsetzung entscheidet nichts
ein Mann verfügt über Gelände
und arbeitet am Zaun für die Ruhe
baut Gespenster auf
für die Nacht die Nähe der Straße
ein Recht der Vielen und Anderen
allein der Ort für dich

der Ort erreichbar im Konjunktiv
eine Tarnung aus Geflechten des Gerüchts
schon viele Schriften entstanden
als eine Beschreibung der Suche
des aufwachenden Zweifels
der Selbstkritik später

Ungewißheit auch für Eulen
das Beispiel für mögliches Überleben
oder ein Anfang wieder vor der Dämmerung
ach Gegenwart zuviel ist erledigt
und zuwenig getan gegen den Fortschritt der Klage

aufwachend im Knistern der Sonne
Steine rutschen zurück hinter dir in die Tiefe
und der Himmel ist noch grün
noch unsichtbar die neue Front der Kälte
nicht lange warten die Gärten
auf das Verschwinden der Schatten unter den Bäumen
was wert ist für keine Nachricht
ein stilles Entstehen beschäftigt uns weiter

Geräusche

Über den finsteren Hügeln, hoch
nach Milano via Rhein-Main, unten
in meinem Dorf klirrte das Pflaster.
Der Junge schob die Vorhänge weg,
sang schon HJ, sang noch
Kindergottesdienst.
Borddrinks; kreisend im Nebel um
nichts, nimmer weiß ich genau,
wer ich bin. Sitze wo am Fenster
nachts, Falter schlagen, unten Ruhe,
nach der Kontrolle, im Tal.

Wiese hinter dem Haus

Kälte von wo, abends, kriechend
nach unten ins Tal nach oben auf die Hügel,
mit den Schnecken
erreicht die Zukunft auch den Zaun,
dort hat der Posten noch etwas gerufen,
als das nasse Gras,
zwischen zwei Offensiven,
kurz über den Spuren der Reiter stand.

Zwischenzeit

Suchend ein Vergessen Anfang im September
im Schlaf der Arbeitsfilm war weitergegangen
das Morgenlicht wirft lange Schatten
auf die Wiesen den scharfen Tau
mein zweiter Blick die weißen Tennisschuhe
in der Mitte des Zimmers

helles Fichtenholz der neue Tisch
der Fortschritt der Unordnung wird erst beginnen
zunächst erzählt die Maserung
das Erlebnis von Tod und Trockenheit
erzählt nichts mehr
hinzu kommt das Schweigen des Aschenbechers
die kalte Lampe früh

leer zu räumen den Schlaf
eine Vorstellung von der unaufhörlichen Bewegung des Gerölls
die gelben Photos im Heimatmuseum
Forschung aus dem Steinbruch der Familie
irgendwann haben die Männer aufhören müssen

anderes Licht und bessere Frühe
das Tal schickt den Nebel die Hänge hoch
locker hängt dickes Obst
denkbarer Abschied der Information

es sind die Momente des Wiederentdeckens

ein Stück Hohlweg verlängert
in die Ferien des Vaters mit Fliegeralarm mittags
Baumlauben-Ausblicke
Besitz aus Fels bis Trümmer geblieben
Stichworte einer verschwiegenen Geschichte

nachts summte der Kessel
zum Entwurf einer beweglichen Textform
in der Zeit der Wahrnehmung

einer Straßenbahn mitten im Kornfeld
als der Riß auch durch die Buchstaben ging

noch keine Gespräche über das Alter
aber Minuten werden jetzt immer mehr wichtig

Skizzen von Bäumen und Zäunen
im Zustand der Gewöhnung des Gebrauchs
dieses Holz könnte sprechen
hat Blitze überlebt die Bohrung der Würmer
erlernbare Geduld
erkennbarer Nutzen und Haltbarkeit
erwähne den Lehm
die Zuverlässigkeit der Wurzel
der Wind der Chemie meint das anders

atmend in der Langsamkeit des Schreckens

aber die Libellen sind freundlich
und rasch in ihrer plötzlichen Jagd
kurz zerstören die Pferde die Wiese
und brechen wieder davon durch die Schlucht

pflaumenblau am Nachmittag die Luft
Leitern ragen überall hoch
glücklich im Dienst schaukeln Körbe
in den Ästen noch ein Gesang wie verirrt
aus der fernen Frühlingszeit

Stimmen wechseln über die Zäune
ob Haß oder Freundschaft
die Nähe tröstet über den Verlust der Stille
Plünderer bleiben aus
und noch fällt kein Schuß
manchmal ein vergessenes Geräusch
war die alte Sense

Handtücher flattern
und die Zwiebeln trocknen auf der Bank
hier saßen die Kinder

sahen in den Gärten die Helme auftauchen
die Einmachgläser flogen aus dem Keller
unter dem Kirschbaum tickte das Morsegerät
unter den Amseln

Durchzüge vergessener Heere
was wird ein Volkslied vom Autobahn-Zubringer
die Brennesseln weichen vor und zurück

Anfänge versucht mit neuer Wahrnehmung

die Ausbreitung der Feuerbohne
Brombeeren-Wildnis
zerstreute Felle und Skelette
die Sprache der Dachrinnen im Wind

Wind schlägt jetzt quer über Stoppeln
fällt in die vollen Plantagen
stöhnend wehrt sich die Scheune
meine Schlafzeit vom Rauschen umgeben
prasselnd schlagen die kleinen Birnen
durchs Muster der zugewachsenen Jahre
wieder bin ich im mächtigen Herbst
der mich einmal und nochmal
mit seinen Winden über die Felder trieb

suchend im Gras dieses Jahres
als die Wolkenfläche aufriß
die Flecken das Fallobst die Fetzen
und was noch von meiner Stimme
in den Drähten hing

und vergaß die grünen Tennisschuhe nicht
an leer geräumten Tischen
zum Abschied von den Astern und Tomaten
zum Wiedersehen der Ebene
als wieder Zwischenzeit verging

Monate und Gegenden

Ende Februar

Der Himmel fließt ab. Ein Flecken, was
die kalte Sonne war. Zwitschernd fliegt
ein Fenster auf. Stimmen, Flucht hinaus
in den Hof, wo der Holunder überlebt.

Morgens, mittags

Hinter der Kurve, über den Kiefern
die Sonne. Wochenlang keine Sonne;
wir lebten auch so, vor allem
morgens, kamen weiter, unter den Ampeln.

Im Frost noch, fast wie im Frühjahr,
begannen die Amseln; wir lauschten
mitten im Stau, die Täuschung wäre nun
fällig und später, mittags, vergessen.

Heimat

Quer übers Feld diese schwierige Straße,
auf der ein Mann steht und denkt.
Die Baustellen liegen jetzt still.
Etwas im Winter ist nicht gelungen.
Einmal kreisen Möwen über das Feld;
wohin sie gehören,
sie zögern nicht mehr und fliegen zum Fluß.

Zwischen den Städten

Gewohnt vorhanden sind Krähen, aber
die Krähen sind neu, wie ich sie sehe
hinter den schalldichten Scheiben, wartend
auf ihren Flug, der jetzt beginnt,
kreisend über das Feld. Die weißen Stücke
des Feldes, zwischen den weißen Stücken des Waldes.
Einzelne Rauchfahnen stehen senkrecht,
stehen und steigen in der undurchlässigen Kuppel,
der Luft über Vorort und Dorf, über Gegend,
Anlage, Regierungsbezirk; gelbe, graue Fahnen.
Geräumte, graue Rohbauten. Stille Bagger
am Rand der Kiesgruben; die Reihe
leerer Lastwagen; die Reihe der Leitungsmasten.
Ein Mann, ein Hund, auf dem Feld,
unter den Krähen, bewegen sich durch das Land,
zwischen Rohbau und Bagger und verschwinden,
ich hörte nichts, ich sehe nichts mehr,
für immer; der Tag geht noch weiter.

Im April

Gärten, die blühen, erzähle ich, das Staunen
in den Wochen nach dem Krieg. Und als
die Gartenhäuser wieder brannten. Grausam,
wörtlich, war der April. Die erste Biene
trommelt am Fenster. Die Radios krachen
zwischen den Zweigen. Noch lebt, noch
fragen wir, der Entführte; damals,
Befreite begannen das Feuer. Oben
in der Birke vögeln die Tauben; kaputt
geht die Luft und plötzlich ein Knall; du
rückst den Liegestuhl nach in die Sonne.

Kindheit

Einige neue Blicke
auf Zubringer, das Autobahnkreuz, zwischen
Birke und Zwetschgenbaum, die Glocken
räumten auf in der Luft, hinter
den Schneisen des Mähdreschers
im Weizen, kurz vor dem Hochamt,
die letzten Volkswagen suchten noch Parkplatz
an der Mauer des Kirchwegs,
das Fahrrad ließ ich unter der Linde
und vorbei an alten Drehorten
ging ich lange zurück,
das Kind war weg, aufgewachsen
unter den Kanzeln der Flak,
es wollte erst reiten, dann
fliegen auf seinem roten Drachen.

Sommer in den Fünfzigern

Sagten wir damals: war doch
kein Sommer gewesen. Aber als Krähen
das Teerdach zerlöcherten, sahen wir nachts
in den Betten die Sterne, und es blieb warm,
so wollten wir es.

Dampften die Straßen; es war eine Zeit
wie im Dschungel, und wir hatten
im Fieber erzählt, das brachte
den Regen zum Kochen

Lag hinter Hecken, bis die Ameisen
anmarschierten; bis in den Herbst
brannten wir weiter.

Schmolzen die Fenster; hatten wir Reisig
bestellt, kam ein Bündel von Blitzen.

Folgten wir auch noch dem Rauch.

Im vergangenen Sommer

Die Maurer im Garten; es geht
um mehr, die Sicherheit der Erde,
das Fundament für die Ruhe.
Und keine Berührung der Bäume,
kein Aufbau von Schatten,
der Phlox, die Astern sprechen mit.
Das Moos, du siehst, hat Platz
für seine Rückkehr; die Spinnen
warten noch; der Regen weiß selber
wohin. Die Mauer langsam wird hart
und verspricht, sie wird schweigen.

Sommer, siebziger Jahre

Die Pflaumen hängen noch fest,
und die alte Frau geht
ins Haus zurück, wo sie das Bild,
August 44, des Sohnes zurechtrückt.

Erwartungsland

Grünes Wogen der Kiefern; überall
rauscht die Autobahn. An einem Tag
wirst du nicht weit genug gehen können;
wo einst begann das wilde Gelände.
Oben die Wolken, und lesend
sitzen Leute in der Luft; Vancouver
nebenan, nachmittags Antillen. Hier
eine Bitte um den Erhalt des Fachwerks;
die Bäume wehren sich umsonst.

Nach der Baustelle

Ein wiedergefundenes Maisfeld; ohne zu suchen,
es lag plötzlich da, am Ende
der Pappelreihe, am Rand des Kanals.

Es war Anfang September,
und über den nassen Feldweg marschierte
die ungarische Armee.

Die Geschichte der Pappeln geht weiter;
geschrieben wird sie in Tagebüchern,
in kurzen Ferien, kurz vor der Offensive.

Der Mais reifte langsam; zuvor in den Jahren
Rüben, Roggen, Kartoffeln; zeitweise
Brachland, als der Kanal kam.

Innen und außen

Einen Zweig mitgenommen, der blühte,
bis übermorgen ein Versprechen,
wie es dann weitergeht, ging weiter mit Ästen.

Korrespondenzen

Blätternd in einem wiedergefundenen Buch,
und ich sehe, du hast
es gelesen und mit deinem Fingernagel
am Rand Zeilen und Sätze angeritzt,
Sätze wie »Liebe bedeutet,
auf das Schreckliche zugehen« und »Sie waren
Seiten in einem alten Buch, die zusammenkamen,
als man es schloß«.
                Ich weiß nicht,
du wolltest mir etwas sagen, für später, denn
ich war nicht in deiner Nähe, oder
warst *du* ganz woanders, ich lese ja auch:
»Ich gehe jetzt fort . . . ich habe Sehnsucht.«
Wir könnten jetzt telefonieren, ich könnte dich
fragen, aber, vielleicht, du würdest mich fragen,
welches Buch meinst du?
                        Ich meine, ich meine
jetzt nichts und kein Buch (du weißt doch,
ich würde sonst fragen, hattest du denn
keinen Bleistift?); du hattest ja keinen Bleistift,
und du wolltest, stumm wie du bist, rasch
etwas sagen, oder
(würdest du fragen) hörte ich nichts?

Altes Zimmer

Licht fällt auf den Tisch
und der weiße Strauß
auf dem Tisch wird ganz weiß.

Der Rauch der Zigaretten bleibt;
der aufsteht und geht,
zerteilt mit seinem Gesicht
die helle Wolkendecke zwischen den Lampen.

Gedächtnis, aufgehoben in Porträts,
und sie blicken auf vergessenes Leben.

Wie Nachmittage waren am Klavier,
Gänge zum Schrank, den Gewehren,
Goodbye, die Briefe aus den Kolonien.

Möglichkeit im Garten

Jetzt kannst du hinausgehen,
noch einmal zurückblickend
dir Zeit lassen,
bis die Büsche an dir hochwachsen
und die klirrenden Gelenke
ruhig werden unter der Rinde.

Einmal und immer

Die Schwärze des Fensters. Im Halbschlaf
drangen die Stimmen des Kinos vor. Es roch,
du konntest sehen, im Zimmer nach Kreide
und Apfelsinen. Nie zog die unsichtbare Nachbarin
aus, mit ihr die Angst in der Frühe. Der Schnee
warf seine Bretter vom Dach. Öffnungen, wo
die Hoffnung versagte, und ich hörte auch
wieder die Rückkehr deiner Sprache. Licht
hinter den schwankenden Bäumen; von dort
kam einmal der Tag, immer der Tag.

Weiter in der Nacht

Umgehungsstraße, ein Rauschen noch nachts
unter Lampenschirmen, und die Falter
schlagen ans Glas, bewußtlos
im Sinn meiner Ordnungen, die mich
hindern am Schlag, am Sprung, und
es pocht unter der Haut, wo das Herz
die kleinsten Ströme reguliert, jenseits
der Schleusen, der Angst, und ich wehre mich
gegen den Stau der Dunkelheit unten
am Waldrand, von wo das Geräusch
der Schritte, das Hundegebell kommt.

Bericht

Nichts war in deiner Abwesenheit.
Ich sah den Tulpen zu, den Blättern,
zwei oder drei, stündlich, fielen auf den Tisch.

Wetterbericht

mein Sender meldet Nebel, und da
ist er auch schon, wie einst (du erlaubst
den Vergleich) in der Waschküche unten,
bei Großmutter, Mutter, Anfang
mit Frauen.
            Frauen. Ich halte
zum Fenster die Hand hinaus, Feuchtes, ab
winkt die Hand, so winke ich
ab, heute, hau ab.
                  Gestern krachte es
fast in der Nacht, als plötzlich
weiße Schwaden und das Rücklicht rasend
näherkam; weiß ich, Mutters Tod, hast'n
Schutzengel in der Not.
                  So ruhig geschaut
aus dem Fenster von oben: der Fluß,
Verkehr, die Tiefe schreckt nicht mehr,
und morgen, vielleicht, wir melden morgen
keinen Nebel mehr,
                meine Mutter
hatte sehr viel, hat nie mehr Sorgen.

Lindenallee

Wildnis, es wäre plötzlich ein Blick
aus einem Fenster, aber zu lange
sind die Überraschungen ausgeblieben,
die vorgesehenen Einblicke, Ausblicke
bewahren zuverlässig die Distanz
zwischen Heizkörper und Rasenstück,
manchmal bewegen sich einzelne Gesichter,
das Versprochene muß noch kommen.

Spielzeit

Im Schattenhof,
wo bescheiden das Licht
weiterlebt.
Nicht erst der Abend
beruhigt das Spiel
zwischen den Fronten des Himmels.

Wunsch zu verschwinden

Spaziergänge; das Freimachen
der Hunde und Empfindungen, nach Tagen
zwischen undeutlichen Fronten, Gewohnheiten
der Ironie. Wenige gehen allein.

Das Licht und die Farben, die Wünsche;
was ist unersetzbar und noch vorhanden.

Seht nicht, wie ich Unsichtbares
niederkämpfe; hört nicht
meinen Husten.

Auch diese geordneten Wege,
harmlos und schrecklich. Sitzgelegenheiten,
bis der Anfall vorüber.

Fallen und liegenbleiben.

Ein Baum, der es hinter sich hat;
der Farn, der bald nachfolgt;
die Beständigkeit des Mooses.

Nicht diese Möglichkeiten des Jahres,
die ewige Bewegung.
Spaziergänger mit Hunden, das ist
das Wochenende mit Sinn, ob es
die innere Unruhe gibt oder regnet.

Im Wechsel

völlig geordnete Verwirrungen
so bewegen wir uns eigentlich mit welchen Interessen
zwischen Korridoren und Gartenwegen
wechselt vielleicht der Geruch falls du riechst
ein Mädchen in der Teeküche
eine Frau am Komposthaufen
einst war die Entscheidung gewiß wie das Amen
ob Lift oder Ampel zwischen uns
halbwegs Durcheinander im System
wenn wir aufhören plötzlich diktierenderweise
und eine Wiese lockt
bin ich Kaninchen du ein Löwenzahn
was für unser Schicksal oder die Hierarchie
nämlich Jacke wie Hose
fragt man wer wen überlebt chancengleich

Fragment einer Geschichte

Die weiße Nachtluft. Das Fenster
schließend höre ich das Telefon,
eine Stimme mit der Erzählung
vom tanzenden Schnee vor dem Fenster.

Winterkämpfe

Früher Schnee, zu früh
erst noch die frisch gesetzten Sträucher
und der Dachdecker hat noch zu tun
was surren da schon die Lifte
nichts von Offensive, nichts zu ersticken
die tote Katze wird von selber kalt

Vor dem weiteren Leben

In Wintermonaten weniger Mofas.
Der Wasserkessel auf der Ofenplatte summt.
Wir kennen die kälteren Zeiten.
Näher zwei Krähen, die plötzlich,
vor dem Fenster, verschwunden sind.
Wir schließen die Läden,
horchen noch
und halten die Uhr an.

Verlassenes Haus

Es dauert lange, bis
die Öfen glühen; in den Zimmern
liegt Schnee. Das Dach
in den Sommerwochen vergessen.
Der Frost hat verschlossen
die Fenster, die Türen.
Was können wir schützen.
Geh du zu den Vögeln hinaus;
ich suche nach Holz, im Eis
einen Weg für das Wasser.

Erwartung

Unruhe auf den Dächern; der Neuschnee
ist schon alt und hart
und hält, nach dem Wechsel von Stimmung
und Wind, keine Position.
Nichts für Nostalgie. Diese Trümmer
fließen in Nichts,
in die Rinnen natürlichen Abschieds;
was war zu erwarten.
Die ganze Nacht, und noch länger,
die Wärme der Anpassung,
Locklied und vorsichtig Widerruf,
bis zum Ende der Ängste; keine Rückkehr,
plötzlich, einmal, der kalten Front.
Was ist zu erwarten.
Es gibt, nach dem Rückblick, keine Geschichte
der Sanftmut; Tauwetter
macht nicht die zarte und gütige Zeit
unter den Dächern, da nistet
weiter der Zweifel
und atmet später die Wut; vielleicht,
vor den Geräuschen der Frühe,
taucht ein Kopf, ein junger Vogel auf.

Samstagmorgen, kurz vor dem Frühstück

Raschelnd kam die Dunkelheit,
Schnee war angesagt, der Kater
rettete noch einen Vogel, trug ihn
zwischen den Zähnen ins Haus.

Als ich krank lag

Draußen noch ein Geräusch,
Besen und Schaufel, du kämpftest
vergebens gegen die rasenden Flocken,
wo bliebst du.
Ich konnte nicht aufstehn und helfen;
in meinem Kopf
das Schaukeln, das Dröhnen der Glocken.
Du hattest noch einmal gerufen:
bleib liegen, ich komme zurück;
dann hörte ich unter dem Fenster
die Krähe, die fortflog.

Ungewisses, Februar

Von irgendwo kommt ein Luftzug; alle
Fenster sind zu. Das Geräusch
einer alten Maschine entfernt sich,
in diesem überraschenden Winter.
Was kommt denn noch?
Ein Kranichschwarm dreht wieder ab;
ein Rinnsal wird still.
Es gibt keine Geschichte des Schnees,
zuviel ist vergessen
in wenigen Wochen; man wird
auch nichts spüren vom Sterben.

Heimfahrt (1)

Im Schnee wühlt der Bus; bald
geht nichts mehr. Glitzernd geht
ein neuer Himmel auf, zwischen
gläsernen Felsen, schwebenden Büros.
Wo ich hin will, andere Straßen
fast schon verschwunden; ein Land
sieht aus wie das nächste. Noch
eine Erinnerung, vor dem Ersticken,
ein Bild des fliegenden Kindes,
hoch über der weißen Nacht.

Heimfahrt (2)

Die roten Künste des Schnees, leuchtend
gegen Siebzehn Uhr, auf den Hügeln krachten
die letzten Rodelschlitten, als wir
hinabstiegen von unseren Hügeln, aus der Legende
von Lehm und Stroh, wo
die kleinen Bauern noch kämpften
und niemand sprach
von Katastrophen; so erinnerten wir
an die Geduld, bis der Wind
aus der Ebene talaufwärts die Häuser
erreichte, ein Moment
der wirklichen Befreiung, und tagelang glücklich
mit dem Geräusch des Wassers in der Rinne.

Vor der Krise

Du zeichnest Hüte und Kannen,
Pfannen, Schirme und Bügel; jetzt
füllen die neuen Dinge das Haus.
Der Winter ist nicht zuende,
die Scheune im Schnee bleibt verschwunden.
Du zeichnest weiter,
so brauchen wir nichts, längere Zeit.

Dämmerung

Erzählung

Am Wochenende gehe ich in den nahen Wäldern.
Vieles verschwindet, Verschwundenes geht mit, aber
die restlichen Bestände bleiben unverwüstlich.
Einige der schwarzen Bäche sind heller geworden,
unleugbar, gute Veränderungen gibt es.
Auf der Brücke der Kindheit stehend
sehe ich wieder
die gelben Dünen des Grundsands,
das Spiegelbild der leeren Winteräste.

Ich erzähle es dir. Du bist seßhaft,
jedenfalls innerhalb unserer Breiten, sonst
unterwegs von Insel zu Insel. Sträucher
hast du ins Zimmer geholt, sie leben
vergoldet weiter zwischen Gläsern und Steinen.

Wir sitzen in der Dämmerung. Wir sprechen
von der Nähe des Meers. Briefe sind gekommen
von Übersee, ich habe einen alten Atlas
auf den Knien und erzähle weiter, gleich
hinterm Haus, von den frischen Bauten der Füchse.

Was werden sollte

Es sollte ein Abend werden
im ruhigen Austausch der Sätze.
Dann mischten sich ein
einige unerwartete Stimmen.
Du meintest, da bin ich und höre zu?

Oft huste ich; es ist nur ein Rückzug.
Wortlos erkläre ich: will nicht,
kann nicht mehr sprechen,
und wandere ab
in die Korridore der Muschel;
du weißt, dort huste ich weiter.

Erinnerung an einen Abend

Stimmen, aus dem Hintergrund
des Zimmers; als wir etwas sagten,
ging es um Wildnis, fauchende Tiere,
den Dschungel auf der Fensterbank.
Schrecken langwieriger Geschichten;
später, festlich, zischende Lichter,
nebenan Gäste betrachten die Gärten.
Still blieben wir. Wind schlug die Birke,
draußen, flackernd der Himmel,
oder der Bildschirm hinter dem Fenster,
etwas geschah, ohne uns
überall, mit oder ohne Geräusch.

Andere Abende

Abends trinken wir. Manchmal
leuchtet noch einmal der Himmel, oder
der Nebel streift über die Wiesen,
manchmal richtig still und Schritte,
Stimmen, auf der Straße.

Du siehst nicht jünger aus, nicht älter.

Der Tisch, es gibt viele Tische; grübelnd
im Wechsel der Häuser; es bleibt, wo
ist der bleibende Ort, die Nähe
der vollkommenen Gewohnheit.

Endlich, fiel ein Blatt; Zeiten
waren durchs Zimmer gegangen, bis
man sich trennte.

Gesichter steigen auf und sinken,
zurück bleibt der Rauch,
der Geruch des Rauches, die Farbe
der verglimmten Geschichten,
hinaus bis in den Korridor.

Draußen, du weißt, der Korridor
ist offen und hört dann nicht auf;
damals, als die Türkette riß.

Frühe Warnung

eine Ebene die weiß war dann grün
jetzt ist es dunkel
und unentschieden die Jahreszeit
wie der Zwist der schweifenden Seelen
wenn sie unerlöst sind
raunte mein Pfarrer

Sonst niemand

halb fünf im grünen Licht
hinter den Stadtwäldern
rollt das erste Gewitter im Jahr weg
eine Reise nach Zürich hat sich entfernt
Mäntel schaukeln in der Garderobe
weiter kreischende Vögel
der Regen kommt noch einmal vorbei

Gegen Ende

dies war ein möglicher Schritt, jetzt
ist es die schmutzig ausradierte Fläche,
auf der ein Weiterkommen
ein mühsamer Rutsch durch die Dämmerung
wird, denn lang genug war gleißend
und vielversprechend der Tag,
mit tüchtigen Hantierungen, bis
zum Sinkenlassen, Hinfallen
trainierter Körper,
gedopt sind wir trotz aller Dementis,
wir schlingern, verräterisch weit die Pupillen,
sage, wohin soll die Reise und was
wartet hinter dem Ziel,
im Nachhall der Schüsse und Rufe

Legenden

Im Nebel die Nebellampen, und wenn
übern Asphalt kein Reh rennt,
passiert nichts die Nacht,
oder, du steigst noch einmal aus
und siehst über den Wiesen
etwas davongehen
hinab in den weißen Grund
zum Fluß, und du gehst,
im rauschenden dunklen Gras, hinterher.

In der Nähe

Der gelbe Nachmittag fließt hinter der Baumreihe,
hinter den Anordnungen der Natur,
weiter ins andere Land.

Rampe des Erdteils, bis wohin
man die Karte, Erfahrungen kennt.

Wollte ich einmal los, dorthin, der Finger
fuhr den Routen nach. Kähne schaukelten,
das Geschiebe der Wolken,
Licht fleckte die Blätter, die Dächer;
Punkte der Beobachtung.

Später ein Zustand mit Zäunen, ein Bericht
über die Verwendung des Holzes, auch
das Beispiel der alten Eisenbahnschwellen,
dazwischen nickend die Sonnenblumen,
vor der bitteren Dämmerung.

Unterbrechung

in grünen Zimmern steht die Zeit, wenn
wir wollen, ruhiger atmen
nachmittags nach der Autobahn. Nichts
will ich anders; andere Tage
wechseln uns aus, und wie sie kommen

Die gemachten Geräusche

*Gedichte, die in keiner
Sammlung enthalten,
unveröffentlicht oder neu sind,
entstanden 1974–1980.*

Swingtime 74

Harry James; ja, noch eine Lüge, und wir
verstanden uns wieder. Lichter
in diesen Jahren, die wir haben
ausgedacht und erfunden. Wie
nanntest du dich – Gib
mir zurück, nein, du kannst nicht;
schwarz weiße Filme, wie wollten wir
leben. Jetzt ja, aber jetzt nicht, denn
ich verwechsele dich, und das macht nichts,
würde ich sagen, und ich würde verstehen,
wenn du sagtest, verstehe ich nicht.

Altenbeken

Irgendwo verläuft hier die Grenze,
Truppen werden verladen, Tiefflieger,
aber es gibt
keine Tiefflieger, Truppen, Grenze,
nur Reisende, Anschlüsse
nach Braunschweig, Köln, Walkenried,
schwarze Bahnsteige
in der Hitze und Leere des Samstags,
eine Reihe von Pappeln
über diesem alten Bahngelände,
das ich erwähnen werde, wenn
ich dir wieder erzähle vom Krieg.

Wochenende, 1974

Faul, in der Sonne. Dieses Wochenende
mit Freunden, Familie. Keinerlei Streit,
so geht es auch; soviel Zeit
bleibt uns nicht. Unruhen
jenseits des Zauns; vergiß das mal
nicht. Glücklich sitzt hier euer Onkel
aus Kottbus. Wir lachen über Alfred, das Ekel,
und politische Diskussion. Klirrend
kommt der Gin Tonic. Erzähle noch mal,
der Schlafzimmerblick des neuen Verkaufschefs;
vergleichen wir unsere Probleme, heißer
mein Tip. Vielleicht bin ich krank?
Ehe-Krisen werfen mich um, schreibt
aus Rossford / Ohio die Tochter.

Geschichte

In diesem Lokal, Jitterbug damals.
Das Wochenende, der Wald; eingeritzt
in die Rinde der Buchen
Herzen und Namen,
die Jahreszahl, hochgewachsen sieben
Meter, 1947, wie groß, wie alt
warst du? Wir
rauchten belgisch, andere Tänze;
zu zweit auf dem Fahrrad
in der Mitte, der Leere der Straßen.

Seebad im Winter

Parkuhren, in der Brandung,
Wohnungen sind jetzt zu haben;
Geschäftsrückgänge. Ehepaare
ins Binnenland, oder die Balearen.
Die See wieder für sich; das Rauschen
kein Geräusch der Gesellschaft.
Kursaal, Casino; leeres, altes
Hollywood. Letztes Hotel noch; Bar
und nachts ein Aeroplan,
Offiziere aus den vierziger Jahren.

Winter; belgische Küste

Toccata und Tango; der Nachmittag
nicht hell. Ein Hotel
nach dem andern verwittert;
Ansichtskarten der Emigranten.
Türen, Türen
verweht der Sand, verschwinden
hinter dem Sand. Ruhe der Angler.
Unsichtbares England; Nachrichten
der englischen Sender, im Krieg.
Kinder rennen
mit Bällen, Rädern, Propellern;
Fallschirmjäger da.

Hotel Belgica

Die Chefin löst Kreuzworträtsel.
Würde gern helfen, Blondine,
spreche kein Flämisch.
Gut der weiße Kabeljau.
Ihre Mädchen rauchen zuviel.
Ein Bier noch, noch eins.
Die Nacht wird sehr stürmisch,
wie die letzte; jetzt das Lexikon.
Kommt denn noch wer,
Matrose, Hotelgast, Gespenst.
Noch sind Sie schön; alternd
die Holzwände, Bänke und Spiegel.
Ausbeuterin, warum lächeln Sie nie?
Vorgestern auch schon mal hier,
ein Bier noch, am selben Tisch.
Hören Sie, ganz gewaltig, draußen,
die Brandung; oder was ist.
Buchstaben, Wörter; kein Flämisch
und lerne es nicht, ein Bier noch,
in dieser wortlosen Nacht.

25. 11. 74

Die Angeln auswerfend,
wartend und rauchend Kinder
mit gelben Haaren.
Im Hafen nicht viel los.
Sätze denkend,
die nicht geschrieben werden
und Papier für Hefte kaufend,
gelbes, blaues, grünes, kariert.

Reisebericht

Möwen blicken ins Zimmer, böse,
es gibt nichts. Das Fenster schließend;
lauter, nein, leiser das Radio.
Ruf mich nicht an.
Reste von Gästen, Ende November;
flacher, hinter den Dämmen, das Land.
Dämmerung kommt; der Scheinwerfer
kreist. Marineflieger und Mädchen;
einst Frieden, einst Krieg
an den Küsten. Das Radio knistert;
zitterndes Fenster. Krächzend,
bald nichts, meine Stimme.
Ruf mich doch an.

Erzählung

Der helle Abend im Rückspiegel, die Nähe
der belgischen Landflächen, Atlantik,
Autobahnstau. Wir rauchen
und haben Zeit für Blicke, Baggerlöcher,
die Pappeln. Gestern, vorgestern, Tempo 160,
sahen wir nichts. Jetzt die Ambulanzen
und Kinder auf Feldern mit Drachen,
Fliegen auf den Hügeln der toten Kaninchen;
die Krisen, später, daheim, nichts erzählen.

Ereignis im Juli

Diesen Mann grüße ich; er
pflückt Johannisbeeren in seinem Garten.
Weitergehend bin ich ganz froh,
daß keine Feinde im Land sind;
den Mann, ich kenne ihn nicht.
Ruhig und schwül dieser Tag,
das ist der Sonntag, zum Fürchten. Etwas
ist falsch, was ich sehe und sage;
Sekunden, mit glänzenden Blättern.

Letztes Jahr

Eine von diesen Sinfonien,
nachmittags, über den Gärten,
spät im Sommer, vielleicht
das letzte Glänzen, jetzt,
der Blätter und Blaues,
Pflaumen oder Himmel
und Ebenen, See-Blick
auf den Photographien,
Felder, Feldzüge, Rauch,
Radiostimmen und Jahrzehnte
im Kopf, im Schatten Schlaf,
die leeren, alten Liegestühle.

Frühe Abende

Das Gelbwerden des Himmels,
das ich beobachte, abends, mit
einer Sehnsucht, die weiter reicht
als die Wartezeit auf den Regen,
der es gut machen und wieder
aufhören wird, Grün und Geruch
hinterlassend, nur in der Nähe.

Im Schatten

Gold, dein Urlaubsgesicht, und jetzt
dieses Blatt, das ich dir zeigen wollte,
hier ein Ahorn im Vorort, ohne
das Mittelmeer. Schnell fällt
unsere Sonne, das Leuchten deiner Haut
im vorläufigen Schatten, schön
und verschwiegen werden solche Tage.

Im Sommer

Ein zertrümmertes Haus, draußen vor der Stadt,
im Frieden. Männer stehen im Gemäuer
und sagen nichts, bis der Hund fort will
hinter der Hecke und einer nun pfeift.

Hinter der Schonung glitzern die Wellen
im Klärwerk. Die Straße biegt ab,
wo die alte Karosserie sehr bald verschwindet
im Riesenwuchs der heißen Brennesseln.

Am Rande im Gehölz wispern ganze Sippen
Kaninchen. Der Wind stößt zu,
macht Wogen im Getreide, grün und breit;
darüber baut sich der Nachthimmel auf.

Über dem Roggen sind noch die Köpfe
tennisspielender Menschen. Einst blitzten
Sensen und zogen Heere, im Schwund
der Sonne, weiter durch dieses Land.

Im Park und später

Bitteres, in den Schatten gesprochen,
in den Schatten östlicher Baumgruppen,
niemals: wie ich sie sah. Nun
wehte etwas herüber, etwas
aus einer Kindheit; im nassen Park
rochen wir, was verloren, und hinzu
kam die Neuigkeit eines Abschieds,
nichts, noch nichts war geschehen.

Vom Wandern der Gedanken übers Papier

1
anfangen mit nichts
aber da sind doch, es gibt
die Blitze und Bilder im Kopf
die Erregung in Gedanken
den Ausbruch der Träume
das Land der Schmerzen und der Wut
Häuser voll Trauer und andere
mit Glanz oder eingerichtet im Glück
die Unruhe zwischen uns
Brücken der Zärtlichkeit
Nester des Mißtrauens
da sind, es gibt
die Wörter und Stimmen
anfangen mit etwas

2
eine Fläche, die leer ist
in der Vorstellung etwa ein riesiges Schneefeld
weiß und leer
bis ein Schwarm krächzender Vögel
über dem Feld kreist und niedergeht
und rauschend wieder davonfliegt
bis ein Zug grauer Figuren
von den dunklen Rändern her kommt
und über den Schnee zieht
steht wartet und weiter zieht schweigend
eine Fläche, die leer war
ein Feld voller Spuren
ein System, das von seiner Veränderung erzählt
und die Erinnerung an die Ereignisse vorzeigt
an die Vergänglichkeit der Ruhe
die Möglichkeiten nach einem Frieden

3
erzähl mir, was weißt du
ja ich erzähle so lange ich lebe
aber die Stimme wandert und fliegt nicht
bleibt im Zimmer im Haus
vielleicht hört noch der Nachbar
im offenen Fenster und versteht
eine Geschichte aus der Umgebung
die Stimme wird älter
heiser und leise
stirbt eines Tages
und nichts mehr hörst du
außer den Bäumen über dem Grab
erzähl mir, was bleibt vom Erzählten

4
wohin mit den Wörtern
pausenlos das Gesprochene verschwindet in der Luft
der Wind nimmt Grammatik und Syntax auf
der Zug der Wolken verwischt
zwischen Westen und Osten den Satzbau
im Regen kommt wieder
zurück das Geräusch vieler Sprachen
der Hagel erinnert an die Rede im Zorn
weiterhin bleibt der Schnee was er ist
ein Bote aus den Gebirgen
wohin mit den Wörtern und wo
bleibt die Sammlung der Zeichen
zum Wiederfinden, Wiedererkennen der Sprache
zum Austausch der Sätze
Fische und Vögel
und alle Tiere fragen so nicht

5
weiterlebend
mit den Vorräten der Erfahrung
was dachten und was taten wir
was war geschehen
was gab es zu lernen
nutzlos wäre die Stummheit der Geschichte
ein folgenloses Geschäft
ohne die Weitergabe der Schrift
die Wiedergabe der Berichte
bis jetzt ist lesbar geblieben
die Fortsetzung des Möglichen
des Unglücks und der Versprechungen
des Unerreichten und der Wünsche
so verliert das Vergangene
seine Dunkelheit
den unerklärbaren Schrecken
die Rätsel vom Entstehen der Angst
so leben die Hoffnungen weiter

6
andere Orte, andere Tage
die Entfernungen zwischen dir und mir
zwischen uns
das Fremde und die Freundschaft
das Vergebliche und das Erinnern
ich schreibe dir auf
was mir fehlt, was ich wünsche
du liest
was du kennst und was du nicht hast
und was dich erwartet
unterwegs trägst du mit dir
den Brief, das Gedicht
im Dunkel leuchtet weiß ein Blatt
später ein Licht im Gedächtnis

7
früher die stummen Erzählungen
Abdrücke im Gestein
Zeichnungen an den Wänden
Häufungen von Asche
Anordnungen der Trümmer
Architektur der Spuren und Reste
als Vorarbeiter des Vergessens
kam der Wind
geduldig sprengte der Frost
weg wusch der Regen die Epochen des Staubs
zurück kam die Erde
die Zukunft der Büsche und Bäume
die Jahreszeiten brauchten nichts anderes
ein Blühen ein Welken
ein Zustand ohne die Kämpfe der Sprachen

8
benennbar sind die Zeiten geworden
beschreibbar die Gegenden
dort ein anderes Land
hier eine vertraute Umgebung
im Wechsel von Tälern und Hügeln
zeigen kann ich dir
die Reste von Heimat und Kindheit
den Fortschritt der neuen Zerstörung
die Möglichkeiten des Alterns
lesbar sind alte und neue Namen
die Namen verschwundener Dörfer
ausgestorbener Familien
stillgelegter Fabriken
die Namen der Bäche und der Leute
in alten Mühlen
die Namen versprochener Zukunft

9
Zeilen über einem Wasserzeichen
Wörter und Sätze
Veränderungen auf weißen Flächen
so setzen Gedanken die Wanderung fort
prägen sich weiter Bestimmungen ein
rettet sich das Gedächtnis
treten Bilder hervor aus dem Dunkel
blitzt Widerspruch auf
bleibt erkennbar das Diktat der Träume
das Entstehen der Wünsche
wird die Unruhe weiter beweisbar
verstehst du die Wirkung der Schrift
lebst weiter und läßt hinter dir täglich
die Grenzen des Schweigens

Schon später

Die Nässe des Abends; grün, noch mehr
von den Bäumen geschüttelt, in diesen
Wasserwochen. Kirschen platzten; und als
wir von neuer Einsamkeit sprachen, ging
es um Einmachgläser. Steig du, endlich
ein Mal, in den Keller, wenn der Lehm
wieder atmet, weil etwas wirkt, im
Augenblick, da unten. Kühl bleiben,
blieben auch die Hügel im kurzen
Sonnenrest, für uns nicht mehr sichtbar;
fallend, vernichtet, schon später im Herbst.

Sommerabend

Über uns Blitze; zurückgeben können wir
nichts; die Faust, die am Horizont
hochragt im Abendwind, ist ein Baum.
Schwalben stürzen herab, geübte, schnelle
Flüchtlinge; wir sind nicht so sicher,
so schnell zwischen den Häusern.
Drüben die Waldfront steht, steht
schwärzer als der wie immer unentschiedene
Himmel; es nähert, entfernt sich ein Schimmer,
und wir warten, bis etwas nicht kommt.

Sommergeschichte

Liegend im Gras, hochblickend
zum Giebel der Scheune,
Brandspuren, die Spuren,
»welcher Krieg«, von Befreiung,
aber unser Freizeit-Maurer
hatte den Putz losgeklopft,
nicht weil er sehen wollte,
wie ich, die Politik des Fachwerks.

Welcher Krieg

Ein Feuer auf der Wiese.
Wir haben, bis September,
gewartet auf den flachen Wind;
nun, welcher Krieg kann beginnen.
Trommeln, Birnen und Äpfel.
Ein Rundling anderer Art,
der Mond, hängt weiter
im taghellen Himmel.
Dort waren die Adler;
wir sagen, so war es, und
wir riechen noch, was abends
verschwunden, der Rauch.
Die Wiese liegt schwarz.

Architektur

Rundum verglast. Auf einer Fensterbank
der Korb mit Äpfeln; hinter den Rastern
fließt auseinander die Stadt.
Es riecht im Büro
nach diesen Äpfeln, und wir überleben
den Nachmittag. Die Fenster sind
nicht zu öffnen, sonst
fliegen wir hinab in die Gärten;
was ist, vielleicht ist schon Herbst.

Bewegungen

Die Luft ist gut, nach dem Heu.
Im Pflaumenbaum hängt die Maschine
nach Detroit. Am Zaun eilt vorbei
unser Igel. Die Scheune wird jetzt alt;
wenn's dämmert, sie wandert nicht mehr.
Es dämmert; Licht steigt herab
von den Hügeln; ruhelos, Seelen.
Im Hof knarrt der Rest des Bauern,
nebenan, im Schimmer der Alu-Fenster;
vom Pfarrer kommt nichts vorbei.

Wer hat Angst

Wie immer beim Abschied: rufen Sie doch
mal an. Autobahn-Ausfahrt; fast schon
vergessen; wie hieß dieser schnellsprechende Mann?
Der kurze Kiefernwald; jetzt dehnt sich, im Nebel,
das Stück. Wild übern Weg, paß auf; dampfend
die Leichen der Igel. Hast du die Nummern
notiert? Kotzübel, Krebse, die krochen noch
durch die Küche; ich fand den Bonnard schön,
war kein Bonnard. Es wird still hinterm Wald;
dunkel die flachen Häuser; ein Hund jault
verrückt. Wir wollten doch sagen: keineswegs
sind wir geschieden, alles Gerede; du findest
den Hausschlüssel nicht? Zerreißen könnte
ich mich; du warst doch ganz still, ganz ohne
Witze; trotzdem, ich schaff's nicht; was meinst
du? Die Reste, nach der Verwüstung im Zimmer
die Reste; wer hat da gekämpft, wir lebten
hier friedlich, zitierten Gespenster und zogen
vorm Fenster Feuerbohnen auf. Rufst du an;
rufst du an? Wen meinst du: den Notarzt,
den Pfarrer; wir brauchen nur Ruhe, ein bißchen
mehr Zucker, bitte, ich rühre für dich; alle,
sie haben getan, was sie konnten, daß
ich nicht schrie und davonlief. Nun sitzen
wir hier, verurteilt zum Frieden, besser als
worüber sie stritten: er, nein sie, schlug zuerst;
keiner hat was gewußt; du weißt doch, alles war
früher, noch besser, vergessen; mach endlich Licht.

Programmverlauf

Der Himmel. Pastell. Ruft mich
der Kollege am Nachmittag an: sehen Sie
diesen Himmel? Ich sehe, eigentlich
ein Zufall, der andre Kollege will wissen,
will was. Will Nachruf. Ticker am Mittag,
noch ein Kollege, ganz plötzlich, die Treppe
runtergefallen, ich sage, fällt mir nichts
ein, in Stuttgart der Kollege weiß mehr.
Der Himmel. Ein November wie
in Nicosia, Knospen, könnte ich malen.
Aber ich fege den Schreibtisch leer,
tue jetzt nichts, bald sind wir alt
und sollten was tun, fürs Kühlfach
den Nachruf, die Youngsters schlafen gut,
verschlafen Telefon nachts, bloß was
weiß ich von mir? Groschenweise
Gedächtnis; besser tot im Hotel,
Fernschreiber nämlich, liebte Pastell,
hinterher Füller, Musik, Cembalo geht immer.

In der Ferne

Etwas bewegt sich, in der Nähe
von etwas, das unbewegt bleibt. Die Sprache
im Nebel. Gehen wir bis zum Rand;
welcher Rand, Hügel oder Wälder, später
erst die Ebenen. Zaunpfähle, die Reihe
hinab ins Tal, wo jetzt die Manöver
rollen, zeitweise Ernstfall, was tun
wir, im Ernst. Unten, ein Schweben
über den Flächen, ein Tosen
zwischen den Städten; hier sind wir
und bleiben wir nicht, jenachdem,
soviel wir besitzen, wir haben nichts.
Also, was möglich; die Haut
nach dem Sommer schält sich; Häusergruppen
wachsen dazu und unsichtbar bleibt
das Gift. Abflug; alles wird kleiner;
wer's nicht schafft, entschließt sich zum Glück
und wendet den Kompost; jeden Morgen
glitzert es jetzt, Nässe, ewige Schnecken.

Ruhe

Die Nachmittage mit Leitern,
gleich unter der Einflugschneise, Wahn,
die Nähe der Regierung. Näher
sind die Äpfel; dann kommt,
mit seiner Heiserkeit, der Häher.
Interview. Wo sei die Basis: unten
im Feld, und die Wiesen,
die frischen Löcher der Kaninchen.
Dagegen erzählst du: kleine Trichter,
Granatwurf und Tornistergerät;
die Amseln jetzt, sie warnen.
Bloß ein Manöver. Der alte Kater,
der Nachbar im Eingang der Scheune,
die Schwalbenreihe auf den Drähten,
kein Herbst im Exil.
Der Nachmittag im Baum, und wenn
in der Luft ein Geräusch kommt,
Vancouver vielleicht; der Apfel ist es,
zwischen den Zähnen, der kracht; abends,
im Stall, hängt wieder die Leiter.

Aus der Ferne

In der Tiefe des Zimmers. Die Liegenden
sind fast verschwunden; einige
gehen noch. Stummheit dringt aus den
Lautsprechertürmen; ruhig erzählt
in der Wiederholung. Das Zimmer wird
noch größer; die Grenzen bleiben in uns,
ohne zu sprechen. Atmend entsteht
eine andere Zeit, ohne zu sprechen.

Was denn

Eine ganz andere Bilderschau; laß mich
aus dem Zimmer gehen, wirklich,
ich bin ganz woanders mit meiner Sichtweite,
jedenfalls heute. Laß mich gehen;
etwas dringt ins Zimmer, das mich
hinaustreibt; nachher kann ich es
sagen, wenn du noch willst.

November

Vor dem Fenster, die Hagebutten
sind übrig geblieben; jetzt bleibt auch,
wochenlang, der Regen hängen
im Geäst. Sonst wäre
völlige Leere, und darin
der Wind zeigt nie ein Gesicht.

Im Frieden

Abends der Schnee wird rot
auf den Hängen; kämpfen wir nicht
um die Heimkehr; es gibt hier
oben leere Häuser, umgeben
von leeren Flächen, und der Frost
legt uns still wie die Bäume.

Was ich noch sagen wollte

Lächelnd. Heute
blieb ich sitzen, im Wagen
in der Waschanlage. Der Matsch draußen;
eigentlich sinnlos. Milwaukee, dachte ich,
als später die Straßen vereisten. Später,
das schrieb ich. Die Fotos aus dieser Zeit
sind verloren, falls einer fragt. Fragt einer
nicht. Glitzern werden die Äste, und
ich zeige darauf: die Augenblicke
der Schönheit. So war es oft; so
ging es nicht weiter; einst,
die weiße Tuja-Hecke. Heute sah ich
auf alten Bildern, lächelnd, wir lebten.

Ungewisses, Februar

Von irgendwo kommt ein Luftzug; alle
Fenster sind zu. Das Geräusch
einer alten Maschine entfernt sich,
in diesem überraschenden Winter.
Was kommt denn noch?
Ein Kranichschwarm dreht wieder ab;
ein Rinnsal wird still.
Es gibt keine Geschichte des Schnees,
zuviel ist vergessen in wenigen Wochen;
man hat wieder Hoffnung, daß man
nichts spüren wird bis zum Sterben.

Morgens, mittags

Hinter der Kurve, über den Kiefern
die Sonne. Wochenlang keine Sonne;
wir lebten auch so, vor allem
morgens, kamen weiter, unter den Ampeln.

Im Frost noch, fast wie im Frühjahr,
begannen die Amseln; wir lauschten
mitten im Stau, die Täuschung wäre nun
fällig und später, mittags, vergessen.

Nachtflug

Holzstapel: an dieser Ruhe
wird sich nichts ändern; die Krise
reicht nicht so weit. Wir schlafen auch noch
unterm offenen Fenster; es klirrt nicht,
dein Atmen. Später, nach eins,
diese Maschine wirft Post ab; Radieschen,
Erdbeeren die nächste. Ausgestorben
die Autobahn. Im Traum sind wir es,
die zurück nach Kalifornien fliegen,
und wenn du mich auftauchen, springen
siehst, winkst du einem Delphin.

Die gemachten Geräusche

Das Geräusch. Nein, nicht der Nachbar
flippt aus. Steil fällt das Mondlicht herab
in den nackten Garten. Widerstand
auf der Terrasse, unbegreiflich, der Wind
meinte Leichtigkeit mit dem Laub. War
es das, mit einem nachgeklapperten Gespräch?
Im Hotel, du hast angerissen
ein frisches Streichholzheft, aber das war
vergessen, bis ich wiederfand das Fragment,
mit Notizen; bitte, mach du weiter, mit was,
mit Erinnern, oder dein Atmen.
Hinten, im Salon, warum nicht getanzt,
the Kölner Koncert von Keith Jarrett,
war es das? Ich erlebe ein grünes Gemach,
nicht schwarz, hör bitte zu, nicht für den Wind
habe ich die Begleitung bezahlt. Ach,
welcher Partner. Wechselnd problemhaft,
wenn's darum geht, das Hin und Her
der flüchtigen Tickets. Das wäre, das meine ich
nicht, wie jetzt draußen das Laub und Vorbei
mit Laub, oder doch, weil November? Nicht
die Wiederholung der Musik, das war ein
unwiederholtes Geräusch, ich komme wohl
nicht zurande, könnt ihr weghören
endlich, mache ich mein
Geräusch gehend, und mache die Tür auf.

Beispielsweise am Wannsee

Natürlich, diese Seerosen, jederzeit
ein zitierbares Ambiente; meine Erziehung war das
nicht, aber auch später haben wir
drüber reden können, denk an Erdbeerfelder,
später gelang viel mehr.

Plötzlich hat auch eine Schilfgruppe Bedeutung,
ein Büschel am Seeufer, über das wir
(bei aller Bedeutung) nicht sprechen wollen. Neutral
bleibt kein Bild; ein Bild gibt weiter
jeder Spion, da nützt unser Schweigen nichts.

Dazu kommt ein Zufall. Im Vorbeigehn
eine Telefonzelle, in der jemand Münzen
nachschiebt, solange es Münzen gibt. Wen
wolltest du, außerhalb, sprechen; oder hast du
gewartet, gezählt, phantasiert?

Nochmal, Seeufer unten, und zwischendurch
Wind, Bewegung im Schilf, konnten wir sehen
und spürten nichts, einige Meter entfernt
und sichtbar für alle. Für wen; alle gab es natürlich
nicht; wer malt denn Seerosen heute?

Früher, verstrickt in irgendeins
der Systeme, hätten wir nicht mehr gelebt;
begreif das beispielsweise am Wannsee. Aber
so leicht geht das auch nicht, einfach
im Stil der Geschichte, nachher gemacht.

Nachher, oder ich sage: zunächst: das wird
keine Zukunft, sind Seerosenbilder; besser
das Kleingeld, Nachschieben, wer spricht schon
mit wem, wir alle sind in der Nähe.

Die Kirschen, der Schnee

1
da ragt eine Leiter aus dem Baum
es ist entschieden wir leben weiter am Nachmittag
am Rand der Wiese hört es
das Leben im Konjunktiv auf und später
hilft kein Dementi des Nebels
so lernt man die Wachen verstehen
Argwohn und Ruf
und du weißt am nächsten Tag nicht weiter
die ersten Kirschen sind reif

2
Traumwiederholung
vom Julimonat war die Rede nach Kriegsende
Staubfahnen hinter den Fahrrädern her
und die warnenden Rufe des Vaters
neben den Kolonnen amerikanischer Lastwagen
mit herausbaumelnden Stiefeln
lachenden schwarzen Gesichtern unter den Helmen
aus dem neuen Wörterbuch Kentucky
brachen Kirschbaumäste
in den Gärten hing das Echo der Schüsse
im Scheppern der hellen Eimer
abends glücklich mit Pfannkuchen
und die Frauen nahmen die Kopftücher ab

3
inzwischen Regen ein bißchen es raschelt
wo nachts der Farn sich weiterbewegt
das Kraut vom Staat alleine unabhängig
Trost im wuchernden Grün
solange die Nässe nicht nachgibt

4
Zeitschwund plötzlich erkennbar
im Datum telefonisch 37 Rosen sind wirklich
nach der Weitergabe deines Traums

in die Fortsetzung meiner Arbeit
meiner Entdeckung was Verlust war
bewußt im nassen Park
mit der Gewißheit später beschädigt sein
im Rest der Nacht
was eine Lüge war oder eine Erwartung
sollte es anders sein
wieviel bleibt zum Zählen nachholbarer Jahre

5
langer Schatten Nachmittag
wächst die Angst mit wie immer
am Eingang der unübersehbaren Woche
die Trägheit macht nicht ruhig
nervös wechselt der Wind in den Büschen
die Gärten werden fremd

6
erinnerte Beobachtungen
mit eingemischten Selbstgesprächen unterwegs
während längst darüberhinaus eine neue Tendenz
das Altern der Dinge beschließend
oder was ist geschehen seit Winterszeit
im Gebüsch die Gerippe rascheln
deutlicher als die Deutung dieses Abends
hat eine Chance im Register
oder ist das kein anderes mögliches
Wort für Gedächtnis

7
die austauschbare Sommerwoche
immerhin regenarm
vormittags unbewußte Einflüsse auf das Verhalten
zwischen den Hochhausgruppen den Rentnern den Bierflaschen
in Holundergärten
sammeln sich die letzten Zwerge
verstecken wir uns
wenn die Anbindung ans Blut der Stadtbahn kommt
unterm Dach des Rhabarbers
es wird auch gesprochen von Regenzeit wieder

ein langes und nasses Knistern
du hörst es schon jetzt

8

nachts arbeiten weiter die Sprecher
erreichbar die nächste Stunde mit wenigen Sätzen
soviel auch passiert
wir wissen aufwachend wenig
und so bliebe es auch
nach einem Wagnis in sprachlosen Wäldern

9

Blick auf Wohnflächen
eine Suche nach sichtbaren Gesichtern
eine Frage nach Ansprechbarkeit
jemand hat du sagen wollen
einfache Berührung mit Buchstaben
oder eine Reihe von Tasten
sagen Sie ich bin nicht da

10

Wunsch von der Abwesenheit zu erzählen
mit dem Rücken zum bewohnten Teil der Ebene

11

es ziehn aber hoch über die Hügel
die zähen Konvois wild auf den Nachmittag
zwischen Beeren und später den Pisten
im Winter solange die Wölfe
interesselos bleiben spielen wir unbewaffnet
und auch der Himmel
bleibt weiter grün und ungefährlich

12

Gezwitscher Gewitter
nämlich am Wiesenrand sitzen im Wäldchen
die Amseln laut beschäftigt
mit den Vorgängen im Tal weiter unten
Durchzug einer Front am Sonntagabend
Geräusche des Aufruhrs

wenn nicht unter den Flächen des Regens
die ausgleichenden Folgen beispielhaft wären
beschreibbar als Naturgeschichte
mit Nutzen für die Dorfchronik
das Weiterleben nach dem Muster der Vögel
in der bewiesenen Zeitlosigkeit der Bäume

13
etwas kommt sicher zurück
wir wissen in der Höhe auf den Hügeln
sicher ist die Rückkehr der Kälte
die Störung in der Architektur der Spinnen
so zuverlässig schwebt die Zerstörung herbei
und wir einigen uns
ohne lange Fristen mit Konflikt
noch wärmt der alte Ofen Sonne
bleibt der Falter stolz mit seinem Namen Admiral
nur das Heu ist nicht mehr selbstverständlich
das Wort für einen Vorgang mit Geruch
aber wir sind nicht so alt
ohne mögliche Erzählung vom Heimatmuseum

14
zwischen uns die Treppe
lächelnd jeder in seine Nacht
du wirst noch glücklich vielleicht
ich kann's versuchen

15
Widersprüche im ebenen Land
wo die Sonne zwischen die Industrie rollt
meine Augen könnten selbständiger sein
ohne das Verlangen nach Wiedergabe
denn viel wird getan
einmal für die Zeit der Reproduktionen
und einmal werden die Bänder gelöscht
ganz unfreiwillig wachsen Halden zu
vielleicht bessert sich die Luft
und wir können uns sehen

16
weiß die Wiesen im Vorüberziehen
ein Blick auf die Bildermotive zwischen Zaun
und der Küste der Wälder
Gruppen liegender Kühe
Vorwand für Verläufe der Wasserfarben
jetzt aber rutscht das Sofort-Bild in den Abend
rasch darfst du staunen
wenn du nur kannst
oder es geht sicher es geht automatisch

17
älter werden meine Tennisschuhe
ein Glück kommt aus der Gleichgültigkeit
was wäre alles weiterhin ohne Bedürfnis
ich verteidige nur noch die alte Jacke
was hatten wir als wir besaßen
das Wasserrecht in der ungeteilten Familie
dann brannte die Mühle
kein Widerstand in den leeren Ställen

18
dein Körper bewegte sich mit
dann kam die Nachtkälte wieder

19
Bäume dehnen sich aus in den Zimmern
frei geworden nach den Durchmärschen der Kälte
draußen auf offenen Flächen
wieder schließen wir uns ein
überlassen die Fensterbänke dem Dschungel
zum Abschied Vögel kreisend und schreiend

20
Säfte im Keller und Obst
ganz ordentlich den Sommer geplündert
in der Angst vor den leeren Regalen der Kindheit
die Suche nach letzten Kartoffeln
ehe die Feuer jagen ins Kraut
der Rest für den Lehm und die Schnecken

der Rücken schmerzt später
aber das Fieber geht ab
wenn du nachts mit den kalten Birnen kommst

21
Radiostimme Gespräch
über das Wasser im halbleeren Glas
oder war es in diesen und jenen Systemen
vergleichbar wie Wetter die Intoleranz
das Interesse an Formen der Macht
in entgegengesetzter Entwicklung
der Stolz und die Sterbebereitschaft
zu späten Klängen aus der Geschichte

22
dazwischengeschoben ein Bild des Vorbeifahrns
an rostigen Mauern an roten Gestängen
in der plötzlichen Nähe der toten Lagune
ungemäht leben die Gräser dort weiter
nach dem Verschwinden des Kampfes
im Flug verlorene Briefe
hängen im weißen im kalten Gezweig

23
drinnen und draußen
täglich bohren wir weiter ein jeder
nutzt sein eigenes Geräusch bis zum Abend
dann dröhnen die Sterne
oder im Traum explodiert ein Vogel

24
verwickelt im faulen Gras die Füße
schon früh macht der Regen heut weiter
langsam in Besitz genommen durch Nässe
unser trockener Gedanken-Vorrat
die Rinnen laufen über vor Ungeduld
nur noch selten erwähnen wir
was von Gefühlen und Feuern übrig blieb
die Wiesen hören nicht auf zu seufzen
wir suchen Zitate aus schwärzeren Jahren

25
die Nacht ein helles Zelt
hör auf mit deinem klirrenden Strickwerk
bis die Herbst-Spinnen durch das Haus ziehn
jetzt gibt noch ein Stern
unnütz und ungefährlich Energie ab
warum die Leere bleibt zwischen den Fensterkreuzen
dein Gesicht könnte ich aufglitzern sehen

26
unter der heißen Glocke des Abends
und die Tischlampe gibt noch mehr Hitze ab
der Wein bleibt herb aber kühlt wenig
meine Haut ist unsichtbar wund
frag nicht was es war
schweigend laß ich Gespinste entstehen
ein Wort haut alles kaputt ich warne

27
Scheusal bin ich schau ich ins Glas
zum Fürchten die Leere
in die man nichts hineinwerfen kann
vielleicht ein Bündel Konjunktive
wenn's nicht zu trocken
zu trocken entsteht wieder Heu
ach was ein Zyklus
und um mich herum ein Gesumm
es droht nicht sondern meint es gut

28
in der Nacht eine Scheune bauen
heimlich ein Vorrat
die Balken liegen numeriert im Gedächtnis
noch einmal gab das alte Land Reste her
fangt an im Herbst
und schläfert im Laub die Behörden ein

29
kannst nicht leben kannst nicht sterben damit
da liegt eine simulierte Landschaft
erfundene Hindernisse denkbare Turbulenzen
es gibt keine Menschen angenehmerweise
stört was ist es das Leben
die Blitze steuern wir nach
die Sonne geht unter nach Abruf
kannst mitkommen endlich
wo nichts kann passieren im Programm
funktioniert auch die Liebe
falls du willst daß noch Zärtlichkeit vorkommt

30
ein Ende in der Kälte
so haben wir lange die Furcht sprechen lassen
bis nichts mehr hörte
in der Gemeinde des Friedens der Gleichgültigkeit
hergeben wird nichts mehr die Erde
schwarz liegt die Wiese
angesagt eine Hoffnung heißt Schnee
stille Flächen für später
wenn der Mond herabsteigen wird

Copyrightangaben

Schnee
© Literarisches Colloquium Berlin 1971
Alle Rechte vorbehalten durch Suhrkamp Verlag Frankfurt am Main
Das Ende der Landschaftsmalerei
© Suhrkamp Verlag Frankfurt am Main 1974
Erzähl mir nichts vom Krieg
© Suhrkamp Verlag Frankfurt am Main 1977
In der verbleibenden Zeit
© Suhrkamp Verlag Frankfurt am Main 1979
Die gemachten Geräusche
© Suhrkamp Verlag Frankfurt am Main 1981

Zeittafel

1932 Geboren in Köln.
1938 Schule.
1939 Umzug mit den Eltern nach Thüringen; Erfurt.
1947 Umzug mit dem Vater in den Harz und wieder nach Westdeutschland; Waldbröl.
1950 Umzug nach Köln.
1953 Abitur.
1954 Abbruch des Studiums. Fünf Jahre lang wechselnde Tätigkeiten.
1959 Beginn der Mitarbeit im Westdeutschen Rundfunk.
1960 »Phasen«. Texte und Typogramme; zusammen mit Wolf Vostell. Verlag Galerie Der Spiegel Köln.
1964 Umzug nach Berlin und weiter nach Hamburg.
Lektor im Rowohlt Verlag.
»Felder«. Prosa.
Förderungspreis des Niedersächsischen Kunstpreises.
1965 »Happenings«. Dokumentation; zusammen mit Wolf Vostell. Rowohlt Verlag.
Umzug nach Rom in die Villa Massimo; Stipendium.
1967 Umzug nach Westdeutschland; Bensberg.
Preis der Gruppe 47.
1968 »Ränder«. Prosa.
Umzug nach Köln.
»Ideale Landschaft«. Prosa; zusammen mit KP Brehmer. Edition Galerie René Block Berlin.
Literaturpreis der Stadt Köln.
1969 »Bilder Häuser Hausfreunde«. Hörspiele
Mitglied der Akademie der Künste Berlin.
Mitglied des PEN-Clubs.
1970 »Umgebungen«. Prosa.
1971 »Schreiben und Filmen«. Fernsehfilm; zusammen mit Klaus Schöning. »Erzählungen finden in den Geräuschen statt«. »Die Wirklichkeit der Landkartenzeichen«.
»Türen und Tore«; zusammen mit Reinhard Döhl, Ludwig Harig, Johannes M. Kamps. Hörspiele.
»Die Zeit nach Harrimann«. Theaterstück.
»Schnee«. Gedichte. LCB-Editionen.

	»Eine Zeit ohne Wörter«. Fotografien.
1972	»Über Jürgen Becker«, herausgegeben von Leo Kreutzer
	»Einzelne Bäume. Im Wind«. Hörspiel.
1973	»Ein Zimmer wird leer«. »Menschen in der Nähe«. Hörspiele.
	Frankfurt. Leitende Tätigkeit im Suhrkamp Theaterverlag.
1974	»Das Ende der Landschaftsmalerei«. Gedichte.
	Köln. Leiter der Hörspielredaktion im Deutschlandfunk. Mitglied der Deutschen Akademie für Sprache und Dichtung, Darmstadt.
1977	»Erzähl mir nichts vom Krieg«. Gedichte.
1979	»In der verbleibenden Zeit«. Gedichte.
1980	Literaturpreis der Bayerischen Akademie der Schönen Künste.
	Erstes Autoren-Seminar der Universität Mainz.
1981	Kritikerpreis 1980.
	»Versuchtes Verschwinden«. Hörspiel.
	»Gedichte 1965–1980«.
	»Erzählen bis Ostende«. Prosa.

Inhalt

Schnee

Fragment aus Rom 9
Gedicht aus Köln 22
Gedicht im Königsforst 25
Etwas im Januar 26
Landschafts-Gedicht 27
Schnee-Gedicht, 1969 28
Gedicht über Schnee im April 29
Zur Sache 30
Takes 31

Das Ende der Landschaftsmalerei

I
Berliner Programm-Gedicht; 1971 41

II
Einst, im Februar 57
Im schönen Wetter 58
Privatbereich 59
Im Frühling 60
Am Mauspfad; Autobahnbau 61
Natur-Gedicht 62
In der Stille 63
Zwischen Kindern und Tauben 64
Zehnter Juli 66
Mittags-Geräusch 67
Geräusch-Moment 68

III
Nach einer langen Zeit 69
März, einziges Gedicht 70
Im Jahr vor seinem Tod 71
In der Nähe von Andy Warhol 72
Coney Island 73

Wechselnder Wind 75
Fernsehen, 1972 76
Vormittag, Zusammenhang 77
Freischaffender 78
Dezember-Gedicht 79
Sylvester, nachmittags 81

IV
Mielenforster Wiesen 83
Kölner Fernseh-Gedicht 86

V
Eine Zeit in Berlin 93
Nichts wegwerfen 94
Bezirk Tiergarten 95
You are leaving the American sector 96
Selbstgespräch 97
Generations-Gedicht 98
Berlin–London 100
Shakespeare's Land 101
Dublin in Bloomtime 102
Gedicht für einen Satz im Konjunktiv 103
In ein Gedächtnis-Buch für Günter Eich 104

VI
Gegend mit Stadtautobahn 107
Bildbeschreibung 108
Anfang Mai 109
Zukunft 110
Gedicht, sehr früh 111
Provinz 112
Nachmittag im August 113
Neue Sachlichkeit 114
Wörter im Sommer 115
Gedicht mit Fragen 117
Gedicht im Wind 119

VII
»Tage auf dem Land« 121

Erzähl mir nichts vom Krieg

Zuvor die Jahre 135
Auf der Straße nach Kansas 137
Am Strand von Rodenkirchen 137
Ich zwinge mich zur Ruhe 138
Theo Champion, Straße in der Morgensonne 139
Abends, gegen achtzehn Uhr 139
Träume wiederholen sich 140
Krapp 140
Der März in der Luft des Hochhauses 141
Notiert, der weißen Wand gegenüber 141
Ein ganzer Freitag 142
Zwischenbericht 143
April is the cruellest month 144
Sag mir, wie es dir geht 145
Die Trockenheit dieses Frühlings 145
Das Fenster am Ende des Korridors 147
Radio-Skala, abends 147
Am Telefon ganz ruhig 148
Sitzend und wartend 148
Eine Nachricht am Sonntag aus Stuttgart 150
Vier Zeilen 150
Ich beneide jeden, der Zeit hat, etwas wie ein Buch fertig zu machen, sagte André Breton 151
Was kaufen wir: ein Boot, ein Zelt? 152
Ist das alles so wichtig 152
Einmal, als ich vergeblich anrief 153
Eintrübungen in der Nacht 153
Jemand sagte: ich weiß nicht mehr, was los ist 155
Jemand sagte: mir geht es ja gut, aber im Grunde bin ich kaputt 155
Weniges zur Entspannung 157
Vielleicht können wir später reden 157
Früher oder später 158
Möglichkeiten für Bilder 159
Was denn, der 17. Juni 159
Die tausend und erste Straße 161
Auf dem Bett liegend, nachmittags 162
Hitzeverbrechen, las man in einem Gedicht 162

Eine Amerikanerin war in Berlin 163
Ansichtskarten aus einem Hotel 164
Man wundert sich über die wenigen Veränderungen 168
Nachmittag mit Wolken 168
Briefentwurf 169
Zweihundert Jahre amerikanische Malerei 169
Lift 170
Mitte August 171
Tage später und kein Wind 172
Wie so oft 172
September 39; Felix Hartlaub schreibt die ersten Zeilen in sein Kriegstagebuch 172
Sonntagvormittag 173
Im Alter 173
Stunden abends 174
Das Thema der Vergänglichkeit 174
Programmvorschau 175
Wetterbericht 176
Spät, eine Platte mit Peggy Lee 176
Andere Musik 177
Wälder 178
Zum Beispiel die vergangene Woche 179
Zeit verging am Sonntagnachmittag 180
Draußen, Stadtgrenze 180
Skizzenblock 180
Angestellte, abends 181
Beim Betrachten eines Bildes das Betreten eines Hauses 181
Worauf wartest du denn 182
Anderer Sonntagnachmittag 182
Abends; der Blick hinab auf die unregelmäßig beleuchteten Vierecke der Fenster 183
Gegend mit einem Feldweg, der in einem Aquarell vorkommt 184
Eine der vielen Geräusch-Erzählungen 185
Regen. In der Küche stehend, mit einem Leberwurst-Brötchen 186
Dieser oder ein anderer Abend 186
Anfang im Dezember 187
Taumel 188
Die Polizei tappt offensichtlich im Dunkel 188

Die wunderbaren Jahre 189
Vorstadt 189
Gib acht und komm gut heim 189
Stadtgespräch 190
Zur Erinnerung an die Bestellung eines Kataloges in der Buchhandlung König 190
Keine Laune für Mitteilungen 191
Vor Weihnachten 192
Anderes Jahr, andere Jahre 192
Nachmittag, bald Feierabend 194
Barometer 194
Januar, Bergisches Land 196
In Erwartung des Hochwassers 196
Wie schnell wir sprechen und leben 196
Freizeitwert im Januar 197
In der Dämmerung 198
Die Rückkehr des Schnees 198
Am 21. Oktober 1944 199
Nebenan 200
Im Februar, etwa mehr Licht 200
Einen friedlichen Tag wünscht der Redakteur am Mikrofon 200
Die Hölle, sagte Sartre, das sind die Anderen 201
In einer Nacht 201
Andrew Wyeth malt ein Geräusch 202
Undsoweiter, Stimmung dieser Tage 203
Wiedersehen nach längerer Zeit 204
Über der Stadt 205
Im Schatten der Hochhäuser 205
Angestellter, nachmittags 206
Aschermittwoch 206
Wasserstandsmeldung 207
Vor den neuen Unruhen 207
Moratorium 209
Stadtautobahn 209
Kneipe, zweiter Abend 209
Wieder im März 210
Konferenzen, etc. 210
Wir in unserem Hochhaus 211
Am Stadtrand, Militärringstraße 211

Am Tag, als das Auto kaputt war 212
Wiedersehen mit einem Feld 212
Unvorbereitet, wie wir sind 213
Wartezeiten 213
Zum Programmschluß die Nationalhymne 213
Zeig mir die Saison 215
Wie wird die Saison 215
Langsam, ein Sonntag 216
Kontaktabzüge 216
Phase 218
Die Vergessens-Verkäuferin 218
Blick nach Belgien 218
Zukunft für Bilder 219
A Foreign Affair 220
Notizen am Fluß 220
Übergang 221

In der verbleibenden Zeit

Vorbereitungen
Später alles: 225
Sprechend in der grauen Luft 226
Abends, ich rufe dich an, ich sage, vielleicht 227
..... Sage am Telefon: ganz gut und macht nichts 228
Notiz für später 229
Gelegentlicher Glanz; unerwartete Ansichten 230
Vorbereitungs-Sätze 231

Bilder
die Scherben springen weg von den Bäumen 233
Zwei Collagen von Rango Bohne 235
Der Fluß, in diesen hellen Tagen 237
Cover design 238
Alter Film 239
Spuren und weiter 240
Falsch lebend 241
Feature 242
Da waren Augenblicke 243
Was ich sah 244

Anfang Sommer 245
Nah und fern 246

Was sagen die Leute
Wochenende 247
Nächstes Wochenende 248
Kontaktperson 249
Berufsverkehr 250
Magazin 251
Who is who 252
Weil Sie mich fragen 253
Junger Mann 254
Jahrhundert 255
History (1) 256
Chronik 257
History (2) 258

Reise-Erzählungen

nachmittags spät sind wir angekommen 259
Kommentar 261
es regnete morgens, aber wir fuhren 262
Tage im grauen Marais 264
Vielleicht Amsterdam, aber der Nebel 265
Nacherzählung 266

Landverluste
Erinnerung ans Land 267
Im Sommer in der Eifel 268
Vor dem Regen 269
Noch einige Gehöfte 270
Augenblick 271
Odenthal 272
Vorläufiger Verlust 273
Geräusche 275
Wiese hinter dem Haus 276
Zwischenzeit 277

Monate und Gegenden
Ende Februar 281
Morgens, mittags 282
Heimat 283
Zwischen den Städten 284
Im April 285
Kindheit 286
Sommer in den Fünfzigern 287
Im vergangenen Sommer 288
Sommer, siebziger Jahre 289
Erwartungsland 290
Nach der Baustelle 291

Innen und außen
Einen Zweig mitgenommen, der blühte 293
Korrespondenzen 294
Altes Zimmer 295
Möglichkeit im Garten 296
Einmal und immer 297
Weiter in der Nacht 298
Bericht 299
Wetterbericht 300
Lindenallee 301
Spielzeit 302
Wunsch zu verschwinden 303
Im Wechsel 304
Fragment einer Geschichte 305

Winterkämpfe
Früher Schnee, zu früh 307
Vor dem weiteren Leben 308
Verlassenes Haus 309
Erwartung 310
Samstagmorgen, kurz vor dem Frühstück 311
Als ich krank lag 312
Ungewisses, Februar 313
Heimfahrt (1) 314
Heimfahrt (2) 315
Vor der Krise 316

Dämmerung
Erzählung 317
Was werden sollte 318
Erinnerung an einen Abend 319
Andere Abende 320
Frühe Warnung 321
Sonst niemand 322
Gegen Ende 323
Legenden 324
In der Nähe 325
Unterbrechung 326

Die gemachten Geräusche

Swingtime 74 329
Altenbeken 330
Wochenende, 1974 331
Geschichte 332
Seebad im Winter 333
Winter; belgische Küste 334
Hotel Belgica 335
25. 11. 74 336
Reisebericht 337
Erzählung 338
Ereignis im Juli 339
Letztes Jahr 340
Frühe Abende 341
Im Schatten 342
Im Sommer 343
Im Park und später 344
Vom Wandern der Gedanken übers Papier 345
Schon später 350
Sommerabend 351
Sommergeschichte 352
Welcher Krieg 353
Architektur 354
Bewegungen 355
Wer hat Angst 356
Programmverlauf 357

In der Ferne 358
Ruhe 359
Aus der Ferne 360
Was denn 361
November 362
Im Frieden 363
Was ich noch sagen wollte 364
Ungewisses, Februar 365
Morgens, mittags 366
Nachtflug 367
Die gemachten Geräusche 368
Beispielsweise am Wannsee 369
Die Kirschen, der Schnee 370

Copyrightangaben 378
Zeittafel 379

Von Jürgen Becker
erschienen im Suhrkamp Verlag

Felder. 1964. 146 S. *edition suhrkamp* Band 61
Ränder. 1968. 112 S. Engl. Broschur (auch *edition suhrkamp* Band 351, 1969)
Bilder Häuser Hausfreunde. Drei Hörspiele. 1969. 112 S. Brosch.
Umgebungen. 1970. 140 S. Brosch. (auch *edition suhrkamp* Band 722, 1974)
Eine Zeit ohne Wörter. 1971. 288 S. *suhrkamp taschenbuch* Band 20
Das Ende der Landschaftsmalerei. Gedichte. 1974. 119 S. Brosch.
Erzähl mir nichts vom Krieg. Gedichte 1977. 112 S. Brosch.
In der verbleibenden Zeit. Gedichte. 1979. 132 S. Brosch.

Über Jürgen Becker. Herausgegeben von Leo Kreutzer. 1972. 200 S. *edition suhrkamp* Band 552

suhrkamp taschenbücher

st 731 Joseph Sheridan Le Fanu
Der besessene Baronet
und andere Geistergeschichten
Deutsch von Friedrich Polakovics
Mit einem Nachwort von Jörg Krichbaum
Phantastische Bibliothek Band 59
304 Seiten
Le Fanus Geistergeschichten zeichnen sich durch die Schärfe der psychologischen Beobachtung und den in ihnen zutage tretenden Konflikt zwischen Traum und Wirklichkeit aus.

st 732 Philip K. Dick
LSD-Astronauten
Deutsch von Anneliese Strauss
Phantastische Bibliothek Band 60
272 Seiten
»Ein wenig ist die Lust zur Lektüre von Science-fiction verwandt mit der Lust zur Lektüre von Horrorgeschichten. Offenbar besteht eine Bereitschaft, das, was an Angstphantasie die säkularisierte Menschheit bedrängt, in der Form der Lektüre sich vorsagen zu lassen, sich einreden zu lassen. Mit therapeutischem Effekt?«
Helmut Heißenbüttel

st 733 Herbert Ehrenberg
Anke Fuchs
Sozialstaat und Freiheit
Von der Zukunft des Sozialstaats
468 Seiten
»Herbert Ehrenberg und Anke Fuchs gelingt es, manche Frage zu beantworten, manche Unstimmigkeit zu widerlegen, Klischees in Zweifel zu ziehen, die Richtung künftiger Reformen darzustellen und das Erfordernis einer eigenständigen Sozialpolitik zu begründen. ... Noch lange wird man mit Gewinn nach diesem Buch greifen können, um etwas über die einschlägigen Teilbereiche der Sozialpolitik nachzulesen.« *Deutschlandfunk*

Alphabetisches Gesamtverzeichnis der suhrkamp taschenbücher

Achternbusch, Alexanderschlacht 61
– Die Stunde des Todes 449
– Happy oder Der Tag wird kommen 262
Adorno, Erziehung zur Mündigkeit 11
– Studien zum autoritären Charakter 107
– Versuch, das ›Endspiel‹ zu verstehen 72
– Versuch über Wagner 177
– Zur Dialektik des Engagements 134
Aitmatow, Der weiße Dampfer 51
Alegría, Die hungrigen Hunde 447
Alfvén, Atome, Mensch und Universum 139
– M 70 – Die Menschheit der siebziger Jahre 34
Allerleirauh 19
Alsheimer, Eine Reise nach Vietnam 628
– Vietnamesische Lehrjahre 73
Alter als Stigma 468
Anders, Kosmologische Humoreske 432
v. Ardenne, Ein glückliches Leben für Technik und Forschung 310
Arendt, Die verborgene Tradition 303
Arlt, Die sieben Irren 399
Arguedas, Die tiefen Flüsse 588
Artmann, Grünverschlossene Botschaft 82
– How much, schatzi? 136
– Lilienweißer Brief 498
– The Best of H. C. Artmann 275
– Unter der Bedeckung eines Hutes 337
Augustin, Raumlicht 660
Bachmann, Malina 641
v. Baeyer, Angst 118
Bahlow, Deutsches Namenlexikon 65
Balint, Fünf Minuten pro Patient 446
Ball, Hermann Hesse 385
Barnet (Hrsg.), Der Cimarrón 346
Basis 5, Jahrbuch für deutsche Gegenwartsliteratur 276
Basis 6, Jahrbuch für deutsche Gegenwartsliteratur 340
Basis 7, Jahrbuch für deutsche Gegenwartsliteratur 420
Basis 8, Jahrbuch für deutsche Gegenwartsliteratur 457
Basis 9, Jahrbuch für deutsche Gegenwartsliteratur 553
Basis 10, Jahrbuch für deutsche Gegenwartsliteratur 589
Beaucamp, Das Dilemma der Avantgarde 329
Becker, Jürgen, Eine Zeit ohne Wörter 20
Becker, Jurek, Irreführung der Behörden 271
– Der Boxer 526
– Schlaflose Tage 626
Beckett, Das letzte Band (dreisprachig) 200
– Der Namenlose 536
– Endspiel (dreisprachig) 171
– Glückliche Tage (dreisprachig) 248
– Malone stirbt 407
– Molloy 229
– Warten auf Godot (dreisprachig) 1
– Watt 46
Das Werk von Beckett. Berliner Colloquium 225
Materialien zu Beckett »Der Verwaiser« 605
Materialien zu Becketts »Godot« 104
Materialien zu Becketts »Godot« 2 475
Materialien zu Becketts Romanen 315
Behrens, Die weiße Frau 655
Benjamin, Der Stratege im Literaturkampf 176
– Illuminationen 345

– Über Haschisch 21
– Ursprung des deutschen Trauerspiels 69
Zur Aktualität Walter Benjamins 150
Bernhard, Das Kalkwerk 128
– Der Kulterer 306
– Frost 47
– Gehen 5
– Salzburger Stücke 257
Bertaux, Mutation der Menschheit 555
Beti, Perpétue und die Gewöhnung ans Unglück 677
Bierce, Das Spukhaus 365
Bingel, Lied für Zement 287
Bioy Casares, Fluchtplan 378
– Schweinekrieg 469
Blackwood, Besuch von Drüben 411
– Das leere Haus 30
– Der Griff aus dem Dunkel 518
Blatter, Zunehmendes Heimweh 649
Bloch, Spuren 451
– Atheismus im Christentum 144
Börne, Spiegelbild des Lebens 408
Bond, Bingo 283
– Die See 160
Brasch, Kargo 541
Braun, Johanna, Unheimliche Erscheinungsformen auf Omega XI 646
Braun, Das ungezwungne Leben Kasts 546
– Gedichte 499
– Stücke 1 198
– Stücke 2 680
Brecht, Frühe Stücke 201
– Gedichte 251
– Gedichte für Städtebewohner 640
– Geschichten vom Herrn Keuner 16
– Schriften zur Gesellschaft 199
Brecht in Augsburg 297
Bertolt Brechts Dreigroschenbuch 87
Brentano, Berliner Novellen 568
– Prozeß ohne Richter 427
Broch, Barbara 151
– Dramen 538
– Gedichte 572
– Massenwahntheorie 502
– Novellen 621
– Philosophische Schriften 1 u. 2
  2 Bde. 375
– Politische Schriften 445
– Schlafwandler 472
– Schriften zur Literatur 1 246
– Schriften zur Literatur 2 247
– Schuldlosen 209
– Tod des Vergil 296
– Unbekannte Größe 393
– Verzauberung 350
Materialien zu »Der Tod des Vergil« 317
Brod, Der Prager Kreis 547
– Tycho Brahes Weg zu Gott 490
Broszat, 200 Jahre deutsche Polenpolitik 74
Brude-Firnau (Hrsg.), Aus den Tagebüchern Th. Herzls 374
Büßerinnen aus dem Gnadenkloster, Die 632
Bulwer-Lytton, Das kommende Geschlecht 609
Buono, Zur Prosa Brechts. Aufsätze 88
Butor, Paris-Rom oder die Modifikation 89
Campbell, Der Heros in tausend Gestalten 424
Carossa, Ungleiche Welten 521
Über Hans Carossa 497

Carpentier, Explosion in der Kathedrale 370
- Krieg der Zeit 552
Celan, Mohn und Gedächtnis 231
- Von Schwelle zu Schwelle 301
Chomsky, Indochina und die amerikanische Krise 32
- Kambodscha Laos Nordvietnam 103
- Über Erkenntnis und Freiheit 91
Cioran, Die verfehlte Schöpfung 550
- Vom Nachteil geboren zu sein 549
- Syllogismen der Bitterkeit 607
Claes, Flachskopf 524
Condrau, Angst und Schuld als Grundprobleme in der Psychotherapie 305
Conrady, Literatur und Germanistik als Herausforderung 214
Cortázar, Bestiarium 543
- Das Feuer aller Feuer 298
- Ende des Spiels 373
Dahrendorf, Die neue Freiheit 623
- Lebenschancen 559
Dedecius, Überall ist Polen 195
Degner, Graugrün und Kastanienbraun 529
Der andere Hölderlin. Materialien zum »Hölderlin«-Stück von Peter Weiss 42
Dick, LSD-Astronauten 732
- UBIK 440
Doctorow, Das Buch Daniel 366
Döblin, Materialien zu »Alexanderplatz« 268
Dolto, Der Fall Dominique 140
Döring, Perspektiven einer Architektur 109
Donoso, Ort ohne Grenzen 515
Dorst, Dorothea Merz 511
- Stücke 1 437
- Stücke 2 438
Duddington, Baupläne der Pflanzen 45
Duke, Akupunktur 180
Duras, Hiroshima mon amour 112
Durzak, Gespräche über den Roman 318
Edschmidt, Georg Büchner 610
Ehrenburg, Das bewegte Leben des Lasik Roitschwantz 307
- 13 Pfeifen 405
Eich, Fünfzehn Hörspiele 120
Eliade, Bei den Zigeunerinnen 615
Eliot, Die Dramen 191
Zur Aktualität T. S. Eliots 222
Ellmann, James Joyce 2 Bde. 473
Enzensberger, Gedichte 1955-1970 4
- Der kurze Sommer der Anarchie 395
- Museum der modernen Poesie, 2 Bde. 476
- Politik und Verbrechen 442
Enzensberger (Hrsg.), Freisprüche. Revolutionäre vor Gericht 111
Eppendorfer, Der Ledermann spricht mit Hubert Fichte 580
Eschenburg, Über Autorität 178
Ewald, Innere Medizin in Stichworten I 97
- Innere Medizin in Stichworten II 98
Ewen, Bertolt Brecht 141
Fallada/Dorst, Kleiner Mann – was nun? 127
Feldenkrais, Abenteuer im Dschungel des Gehirns 663
- Bewußtheit durch Bewegung 429
Feuchtwanger (Hrsg.), Deutschland – Wandel und Bestand 335
Fischer, Von Grillparzer zu Kafka 284
Fleißer, Der Tiefseefisch 683
- Eine Zierde für den Verein 294
- Ingolstädter Stücke 403

Fletcher, Die Kunst des Samuel Beckett 272
Franke, Einsteins Erben 603
- Schule für Übermenschen 730
- Sirius Transit 535
- Ypsilon minus 358
- Zarathustra kehrt zurück 410
- Zone Null 585
v. Franz, Zahl und Zeit 602
Friede und die Unruhestifter, Der 145
Fries, Das nackte Mädchen auf der Straße 577
- Der Weg nach Oobliadooh 265
Frijling-Schreuder, Was sind das – Kinder? 119
Frisch, Andorra 277
- Dienstbüchlein 205
- Herr Biedermann / Rip van Winkle 599
- Homo faber 354
- Mein Name sei Gantenbein 286
- Stiller 105
- Stücke 1 70
- Stücke 2 81
- Tagebuch 1966-1971 256
- Wilhelm Tell für die Schule 2
Materialien zu Frischs »Biedermann und die Brandstifter« 503
- »Stiller« 2 Bde. 419
Frischmuth, Amoralische Kinderklapper 224
Froese, Zehn Gebote für Erwachsene 593
Fromm/Suzuki/de Martino, Zen-Buddhismus und Psychoanalyse 37
Fuchs, Todesbilder in der modernen Gesellschaft 102
Fuentes, Nichts als das Leben 343
Fühmann, Bagatelle, rundum positiv 426
- Erfahrungen und Widersprüche 338
- 22 Tage oder Die Hälfte des Lebens 463
Gadamer/Habermas, Das Erbe Hegels 596
Gall, Deleatur 639
García Lorca, Über Dichtung und Theater 196
Gibson, Lorcas Tod 197
Gilbert, Das Rätsel Ulysses 367
Glozer, Kunstkritiken 193
Goldstein, A. Freud, Solnit, Jenseits des Kindeswohls 212
Goma, Ostinato 138
Gorkij, Unzeitgemäße Gedanken über Kultur und Revolution 210
Grabiński, Abstellgleis 478
Griaule, Schwarze Genesis 624
Grossmann, Ossietzky. Ein deutscher Patriot 83
Habermas, Theorie und Praxis 9
- Kultur und Kritik 125
Habermas/Henrich, Zwei Reden 202
Hammel, Unsere Zukunft – die Stadt 59
Han Suyin, Die Morgenflut 234
Handke, Als das Wünschen noch geholfen hat 208
- Begrüßung des Aufsichtsrats 654
- Chronik der laufenden Ereignisse 3
- Das Ende des Flanierens 679
- Das Gewicht der Welt 500
- Die Angst des Tormanns beim Elfmeter 27
- Die Stunde der wahren Empfindung 452
- Die Unvernünftigen sterben aus 168
- Der kurze Brief 172
- Falsche Bewegung 258
- Hornissen 416
- Ich bin ein Bewohner des Elfenbeinturms 56
- Stücke 1 43
- Stücke 2 101
- Wunschloses Unglück 146
Hart Nibbrig, Ästhetik 491

Heiderich, Mit geschlossenen Augen 638
Heilbroner, Die Zukunft der Menschheit 280
Heller, Die Wiederkehr der Unschuld 396
- Nirgends wird Welt sein als innen 288
- Thomas Mann 243
Hellman, Eine unfertige Frau 292
Henle, Der neue Nahe Osten 24
v. Hentig, Die Sache und die Demokratie 245
- Magier oder Magister? 207
Herding (Hrsg.), Realismus als Widerspruch 493
Hermlin, Lektüre 1960-1971 215
Herzl, Aus den Tagebüchern 374
Hesse, Aus Indien 562
- Aus Kinderzeiten.
- Aus Kinderzeiten. Erzählungen Bd. 1 347
- Ausgewählte Briefe 211
- Briefe an Freunde 380
- Demian 206
- Der Europäer. Erzählungen Bd. 3 384
- Der Steppenwolf 175
- Die Gedichte. 2 Bde. 381
- Die Kunst des Müßiggangs 100
- Die Märchen 291
- Die Nürnberger Reise 227
- Die Verlobung. Erzählungen Bd. 2 368
- Die Welt der Bücher 415
- Eine Literaturgeschichte in Rezensionen 252
- Glasperlenspiel 79
- Innen und Außen. Erzählungen Bd. 4 413
- Klein und Wagner 116
- Kleine Freuden 360
- Kurgast 383
- Lektüre für Minuten 7
- Lektüre für Minuten. Neue Folge 240
- Narziß und Goldmund 274
- Peter Camenzind 161
- Politik des Gewissens, 2 Bde. 656
- Roßhalde 312
- Siddhartha 182
- Unterm Rad 52
- Von Wesen und Herkunft des Glasperlenspiels 382
Materialien zu Hesses »Demian« 1 166
Materialien zu Hesses »Demian« 2 316
Materialien zu Hesses »Glasperlenspiel« 1 80
Materialien zu Hesses »Glasperlenspiel« 2 108
Materialien zu Hesses »Siddhartha« 1 129
Materialien zu Hesses »Siddhartha« 2 282
Materialien zu Hesses »Steppenwolf« 53
Über Hermann Hesse 1 331
Über Hermann Hesse 2 332
Hermann Hesse - Eine Werkgeschichte von Siegfried Unseld 143
Hermann Hesses weltweite Wirkung 386
Hildesheimer, Hörspiele 363
- Mozart 598
- Paradies der falschen Vögel 295
- Stücke 362
Hinck, Von Heine zu Brecht 481
Hobsbawm, Die Banditen 66
Hofmann (Hrsg.), Schwangerschaftsunterbrechung 238
Hofmann, Werner, Gegenstimmen 554
Höllerer, Die Elephantenuhr 266
Holmqvist (Hrsg.), Das Buch der Nelly Sachs 398
Hortleder, Fußball 295
Horváth, Der ewige Spießer 131
- Die stille Revolution 254
- Ein Kind unserer Zeit 99
- Jugend ohne Gott 17
- Leben und Werk in Dokumenten und Bildern 67
- Sladek 163
Horváth/Schell, Geschichten aus dem Wienerwald 595
Hudelot, Der Lange Marsch 54
Hughes, Hurrikan im Karibischen Meer 394
Huizinga, Holländische Kultur im siebzehnten Jahrhundert 401
Ibragimbekow, Es gab keinen besseren Bruder 479
Ingold, Literatur und Aviatik 576
Innerhofer, Die großen Wörter 563
- Schattseite 542
- Schöne Tage 349
Inoue, Die Eiswand 551
Jakir, Kindheit in Gefangenschaft 152
James, Der Schatz des Abtes Thomas 540
Jens, Republikanische Reden 512
Johnson, Berliner Sachen 249
- Das dritte Buch über Achim 169
- Eine Reise nach Klagenfurt 235
- Mutmassungen über Jakob 147
- Zwei Ansichten 326
Jonke, Im Inland und im Ausland auch 156
Joyce, Ausgewählte Briefe 253
Joyce, Stanislaus, Meines Bruders Hüter 273
Junker/Link, Ein Mann ohne Klasse 528
Kappacher, Morgen 339
Kästner, Der Hund in der Sonne 270
- Offener Brief an die Königin von Griechenland. Beschreibungen, Bewunderungen 106
Kardiner/Preble, Wegbereiter der modernen Anthropologie 165
Kasack, Fälschungen 264
Kaschnitz, Der alte Garten 387
- Ein Lesebuch 647
- Steht noch dahin 57
- Zwischen Immer und Nie 425
Katharina II. in ihren Memoiren 25
Keen, Stimmen und Visionen 545
Kerr (Hrsg.), Über Robert Walser 1 483
- Über Robert Walser 2 484
- Über Robert Walser 3 556
Kessel, Herrn Brechers Fiasko 453
Kirde (Hrsg.), Das unsichtbare Auge 477
Kluge, Lebensläufe. Anwesenheitsliste für eine Beerdigung 186
Koch, Anton, Symbiose - Partnerschaft fürs Leben 304
Koch, Werner, Pilatus 650
- See-Leben I 132
- Wechseljahre oder See-Leben II 412
Koehler, Hinter den Bergen 456
Koeppen, Das Treibhaus 78
- Der Tod in Rom 241
- Eine unglückliche Liebe 392
- Nach Rußland und anderswohin 115
- Reise nach Frankreich 530
- Romanisches Café 71
- Tauben im Gras 601
Koestler, Der Yogi und der Kommissar 158
- Die Nachtwandler 579
- Die Wurzeln des Zufalls 181
Kolleritsch, Die grüne Seite 323
Konrád, Der Stadtgründer 633
- Besucher 492
Korff, Kernenergie und Moraltheologie 597
Kracauer, Die Masse 371
- Die Angestellten 13
- Kino 126
Kraus, Magie der Sprache 204

Kroetz, Stücke 259
Krolow, Ein Gedicht entsteht 95
Kücker, Architektur zwischen Kunst und Konsum 309
Kühn, Josephine 587
– Ludwigslust 421
– N 93
– Siam-Siam 187
– Stanislaw der Schweiger 496
Kundera, Abschiedswalzer 591
– Das Leben ist anderswo 377
– Der Scherz 514
Lagercrantz, China-Report 8
Länder, Ein Sommer in der Woche der Itke K. 155
Laxness, Islandglocke 228
le Fanu, Der besessene Baronet 731
le Fort, Die Tochter Jephthas und andere Erzählungen 351
Lem, Astronauten 441
– Der futurologische Kongreß 534
– Der Schnupfen 570
– Die Jagd 302
– Die Untersuchung 435
– Imaginäre Größe 658
– Memoiren, gefunden in der Badewanne 508
– Mondnacht 729
– Nacht und Schimmel 356
– Solaris 226
– Sterntagebücher 459
– Summa technologiae 678
– Transfer 324
Lenz, Hermann, Andere Tage 461
– Der russische Regenbogen 531
– Der Tintenfisch in der Garage 620
– Die Augen eines Dieners 348
– Neue Zeit 505
– Tagebuch vom Überleben 659
– Verlassene Zimmer 436
Lepenies, Melancholie und Gesellschaft 63
Lese-Erlebnisse 2 458
Leutenegger, Vorabend 642
Lévi-Strauss, Rasse und Geschichte 62
– Strukturale Anthropologie 15
Lidz, Das menschliche Leben 162
Literatur aus der Schweiz 450
Lovecraft, Cthulhu 29
– Berge des Wahnsinns 220
– Das Ding auf der Schwelle 357
– Die Katzen von Ulthar 625
– Der Fall Charles Dexter Ward 391
MacLeish, Spiel um Job 422
Mächler, Das Leben Robert Walsers 321
Mädchen am Abhang, Das 630
Machado de Assis, Posthume Erinnerungen 494
Malson, Die wilden Kinder 55
Martinson, Die Nesseln blühen 279
– Der Weg hinaus 281
Mautner, Nestroy 465
Mayer, Georg Büchner und seine Zeit 58
– Wagner in Bayreuth 480
Materialien zu Hans Mayer, »Außenseiter« 448
Mayröcker. Ein Lesebuch 548
Maximovič, Die Erforschung des Omega Planeten 509
McHale, Der ökologische Kontext 90
Melchinger, Geschichte des politischen Theaters 153, 154
Meyer, Die Rückfahrt 578
– Eine entfernte Ähnlichkeit 242

– In Trubschachen 501
Miłosz, Verführtes Denken 278
Minder, Dichter in der Gesellschaft 33
– Kultur und Literatur in Deutschland und Frankreich 397
Mitscherlich, Massenpsychologie ohne Ressentiment 76
– Thesen zur Stadt der Zukunft 10
– Toleranz – Überprüfung eines Begriffs 213
Mitscherlich (Hrsg.), Bis hierher und nicht weiter 239
Molière, Drei Stücke 486
Mommsen, Kleists Kampf mit Goethe 513
Morselli, Licht am Ende des Tunnels 627
Moser, Gottesvergiftung 533
– Lehrjahre auf der Couch 352
Muschg, Albissers Grund 334
– Entfernte Bekannte 510
– Gottfried Keller 617
– Im Sommer des Hasen 263
– Liebesgeschichten 164
Myrdal, Asiatisches Drama 634
– Politisches Manifest 40
Nachtigall, Völkerkunde 184
Nizon, Canto 319
– Im Hause enden die Geschichten. Untertauchen 431
Norén, Die Bienenväter 117
Nossack, Das kennt man 336
– Der jüngere Bruder 133
– Die gestohlene Melodie 219
– Nach dem letzten Aufstand 653
– Spirale 50
– Um es kurz zu machen 255
Nossal, Antikörper und Immunität 44
Olvedi, LSD-Report 38
Onetti, Das kurze Leben 661
Painter, Marcel Proust, 2 Bde. 561
Paus (Hrsg.), Grenzerfahrung Tod 430
Payne, Der große Charlie 569
Pedretti, Harmloses, bitte 558
Penzoldts schönste Erzählungen 216
– Der arme Chatterton 462
– Die Kunst das Leben zu lieben 267
– Die Powenzbande 372
Pfeifer, Hesses weltweite Wirkung 506
Phaïcon 3 443
Phaïcon 4 636
Plenzdorf, Die Legende von Paul & Paula 173
– Die neuen Leiden des jungen W. 300
Pleticha (Hrsg.), Lese-Erlebnisse 2 458
Plessner, Diesseits der Utopie 148
– Die Frage nach der Conditio humana 361
– Zwischen Philosophie und Gesellschaft 544
Poe, Der Fall des Hauses Ascher 517
Politzer, Franz Kafka. Der Künstler 433
Portmann, Biologie und Geist 124
– Das Tier als soziales Wesen 444
Prangel (Hrsg.), Materialien zu Döblins »Alexanderplatz« 268
Proust, Briefe zum Leben, 2 Bde. 464
– Briefe zum Werk 404
– In Swanns Welt 644
Psychoanalyse und Justiz 167
Puig, Der schönste Tango 474
– Verraten von Rita Hayworth 344
Raddatz, Traditionen und Tendenzen 269
– ZEIT-Bibliothek der 100 Bücher 645
– ZEIT-Gespräche 520

Rathscheck, Konfliktstoff Arzneimittel 189
Regler, Das große Beispiel 439
– Das Ohr des Malchus 293
Reik (Hrsg.), Der eigene und der fremde Gott 221
Reinisch (Hrsg.), Jenseits der Erkenntnis 418
Reinshagen, Das Frühlingsfest 637
Reiwald, Die Gesellschaft und ihre Verbrecher 130
Riedel, Die Kontrolle des Luftverkehrs 203
Riesman, Wohlstand wofür? 113
– Wohlstand für wen? 114
Rilke, Materialien zu »Cornet« 190
– Materialien zu »Duineser Elegien« 574
– Materialien zu »Malte« 174
– Rilke heute 1 290
– Rilke heute 2 355
Rochefort, Eine Rose für Morrison 575
– Frühling für Anfänger 532
– Kinder unserer Zeit 487
– Mein Mann hat immer recht 428
– Ruhekissen 379
– Zum Glück gehts der Sommer entgegen 523
Rosei, Landstriche 232
– Wege 311
Roth, Der große Horizont 327
– die autobiographie des albert einstein. Künstel. Der Wille zur Krankheit 230
Rottensteiner (Hrsg.), Blick vom anderen Ufer 359
– Polaris 4 460
– Quarber Merkur 571
Rüegg, Antike Geisteswelt 619
Rühle, Theater in unserer Zeit 325
Russell, Autobiographie I 22
– Autobiographie II 84
– Autobiographie III 192
– Eroberung des Glücks 389
v. Salis, Rilkes Schweizer Jahre 289
Sames, Die Zukunft der Metalle 157
Sarraute, Zeitalter des Mißtrauens 223
Schäfer, Erziehung im Ernstfall 557
Scheel/Apel, Die Bundeswehr und wir. Zwei Reden 522
Schickel, Große Mauer, Große Methode 314
Schimmang, Der schöne Vogel Phönix 527
Schneider, Der Balkon 455
– Die Hohenzollern 590
– Macht und Gnade 423
Über Reinhold Schneider 504
Schulte (Hrsg.), Spiele und Vorspiele 485
Schultz (Hrsg.), Der Friede und die Unruhestifter 145
– Politik ohne Gewalt? 330
– Wer ist das eigentlich – Gott? 135
Scorza, Trommelwirbel für Rancas 584
Semprun, Der zweite Tod 564
Shaw, Der Aufstand gegen die Ehe 328
– Der Sozialismus und die Natur des Menschen 121
– Die Aussichten des Christentums 18
– Politik für jedermann 14
Simpson, Biologie und Mensch 36
Sperr, Bayrische Trilogie 28
Spiele und Vorspiele 485
Steiner, George, In Blaubarts Burg 77
Steiner, Jörg, Ein Messer für den ehrlichen Finder 583
– Sprache und Schweigen 123
– Strafarbeit 471
Sternberger, Panorama oder Ansichten vom 19. Jahrhundert 179

– Gerechtigkeit für das 19. Jahrhundert 244
– Heinrich Heine und die Abschaffung der Sünde 308
Stierlin, Adolf Hitler 236
– Das Tun des Einen ist das Tun des Anderen 313
– Eltern und Kinder 618
Strausfeld (Hrsg.), Materialien zur lateinamerikanischen Literatur 341
– Aspekte zu Lezama Lima »Paradiso« 482
Strehler, Für ein menschlicheres Theater 417
Strindberg, Ein Lesebuch für die niederen Stände 402
Struck, Die Mutter 489
– Lieben 567
– Trennung 613
Strugatzki, Die Schnecke am Hang 434
Stuckenschmidt, Schöpfer der neuen Musik 183
– Maurice Ravel 353
– Neue Musik 657
Suvin, Poetik der Science Fiction 539
Swoboda, Die Qualität des Lebens 188
Szabó, I. Moses 22 142
Szczepański, Vor dem unbekannten Tribunal 594
Terkel, Der Große Krach 23
Timmermans, Pallieter 400
Trocchi, Die Kinder Kains 581
Ueding (Hrsg.), Materialien zu Hans Mayer, »Außenseiter« 448
Ulbrich, Der unsichtbare Kreis 652
Unseld, Hermann Hesse – Eine Werkgeschichte 143
– Begegnungen mit Hermann Hesse 218
– Peter Suhrkamp 260
Unseld (Hrsg.), Wie, warum und zu welchem Ende wurde ich Literaturhistoriker? 60
– Bertolt Brechts Dreigroschenbuch 87
– Zur Aktualität Walter Benjamins 150
– Mein erstes Lese-Erlebnis 250
Unterbrochene Schulstunde. Schriftsteller und Schule 48
Utschick, Die Veränderung der Sehnsucht 566
Vargas Llosa, Das grüne Haus 342
– Die Stadt und die Hunde 622
Vidal, Messias 390
Waggerl, Brot 299
Waley, Lebensweisheit im Alten China 217
Walser, Martin, Das Einhorn 159
– Der Sturz 322
– Ein fliehendes Pferd 600
– Ein Flugzeug über dem Haus 612
– Gesammelte Stücke 6
– Halbzeit 94
– Jenseits der Liebe 525
Walser, Robert, Briefe 488
– Der »Räuber« – Roman 320
– Poetenleben 388
Über Robert Walser 1 483
Über Robert Walser 2 484
Über Robert Walser 3 556
Weber-Kellermann, Die deutsche Familie 185
Weg der großen Yogis, Der 409
Weill, Ausgewählte Schriften 285
Über Kurt Weill 237
Weischedel, Skeptische Ethik 635
Weiss, Peter, Das Duell 41
Weiß, Ernst, Georg Letham 648
– Rekonvaleszenz 31
Materialien zu Weiss' »Hölderlin« 42
Weissberg-Cybulski, Hexensabbat 369
Weltraumfriseur, Der 631

Wendt, Moderne Dramaturgie 149
Wer ist das eigentlich – Gott? 135
Werner, Fritz, Wortelemente lat.-griech. Fachausdrücke in den biolog. Wissenschaften 64
Wie der Teufel den Professor holte 629
Wiese, Das Gedicht 376
Wilson, Auf dem Weg zum Finnischen Bahnhof 194

Wittgenstein, Philosophische Untersuchungen 14
Wolf, Die heiße Luft der Spiele 606
– Pilzer und Pelzer 466
– Punkt ist Punkt 122
Zeemann, Einübung in Katastrophen 565
Zimmer, Spiel um den Elefanten 519
Zivilmacht Europa – Supermacht oder Partner? 137